**선생님, 그때
왜 그러셨어요?**

선생님, 그때 왜 그러셨어요?
30년 차 현직 교사가 들려주는 학교의 좋은 소식들

초 판 1쇄 2025년 11월 04일

지은이 장희걸
펴낸이 류종렬

펴낸곳 미다스북스
본부장 임종익
편집장 이다경, 김가영
디자인 윤가희, 임인영
책임진행 김요섭, 이예나, 안채원, 김은진, 국소리

등록 2001년 3월 21일 제2001-000040호
주소 서울시 마포구 양화로 133 서교타워 711호
전화 02) 322-7802~3
팩스 02) 6007-1845
블로그 http://blog.naver.com/midasbooks
전자주소 midasbooks@hanmail.net
페이스북 https://www.facebook.com/midasbooks425
인스타그램 https://www.instagram.com/midasbooks

ⓒ 장희걸, 미다스북스 2025, *Printed in Korea*.

ISBN 979-11-7355-565-7 03810

값 18,500원

※ 파본은 구입하신 서점에서 교환해드립니다.
※ 이 책에 실린 모든 콘텐츠는 미다스북스가 저작권자와의 계약에 따라 발행한 것이므로 인용하시거나 참고하실 경우 반드시 본사의 허락을 받으셔야 합니다.

미다스북스는 다음세대에게 필요한 지혜와 교양을 생각합니다.

30년 차 현직 교사가 들려주는 학교의 좋은 소식들

선생님, 그때 왜 그러셨어요?

장희걸 지음

미다스북스

이 책에 담긴 이야기가 당신에게 전하는

서른여덟 개의 응원이길 진정으로 바라며,

아름다운 당신의 '미담 릴레이'로 계속 이어지길 소망합니다.

프롤로그

'좋은 소식'이 필요한 당신에게

좋은 소식만 들려주는 뉴스 채널이 있었으면 좋겠습니다. 1980년대까지만 해도 하루 종일 뉴스만 나오는 채널은 상상도 못 했습니다.

"그 재미없는 채널을 누가 본다고…."

하지만 지금은 뉴스 전문 채널이 넘쳐나고 꽤 많은 사람이 시청하고 있습니다. 그뿐만 아니라 유튜브, SNS 등 소셜미디어를 통해 늘 새로운 소식을 접하고 있어서 그야말로 뉴스의 홍수 속에 살고 있지요. 오히려 어느 뉴스가 정확한 사실인지 헷갈릴 정도입니다.

선생님, 그때 왜 그러셨어요?

그런데 그 많은 뉴스에서 쏟아 내는 소식 중에 기분이 좋아지는 내용은 별로 없는 것 같습니다. 부정, 비리, 사기, 사고 등 자극적이고 참혹한 소식들이 대부분이어서 항상 보고 나면 화나고, 우울하고, 짜증이 납니다. 이대로 가다간 얼마 안 가서 세상이 금방 망해 버릴 것만 같습니다. 그래서 문득, 따뜻한 소식만을 들려주는 뉴스가 따로 있으면 좋겠다고 생각했습니다. 이왕이면 시간대를 밤늦게 편성하면 어떨까요? 밤잠 들기 전, 고단한 하루를 잘도 버텨 낸 우리에게 다정한 위로가 되어 주고, 희망 어린 꿈으로 연결될 수 있을 테니까요.

학교도 마찬가지입니다. 언제부터인가 좋은 소식보다는 나쁜 소식이 많이 들립니다. 선생님들이 교육 활동하기가 힘들다는 이야기를 자주 듣습니다. 교직을 떠나는 선생님들이 점점 늘어나고, 버거운 현실 속에서 지쳐 가는 분들의 이야기가 곳곳에서 전해집니다. 이대로 가다간 이 나라의 교육도 무너질 것만 같습니다.

"녹색병원과 교원단체가 진행한 설문조사 결과는 충격적이었다. 교사가 일반 성인 대비 4배 많은 38.3%가 '심한 우울'을 겪고 있으며, 16%가 스스로 목숨을 끊는 생각을 한 적 있다고 답했다. 녹색

병원 직업환경의학과장은 '교사 직무 관련 마음 건강 실태 조사'에 응한 교사들이 주관식 답변에서 가장 많이 한 말로 '살려 주세요'를 꼽았다."

– 오마이 뉴스

저 또한 오랜 세월 교직에 몸담아 왔지만, 보람을 느끼는 일보다 가르치는 게 힘들다는 생각이 점점 더 많아지는 것 같습니다. 어느 순간부터인가 몸과 마음이 지치고 안 좋은 생각만으로 가득 차 교직 생활이 짜증 나기 시작했습니다. 그러다 보니 나도 모르게 학생과 동료의 안 좋은 면만 보이고, 좋은 말보다 나쁜 말을 많이 하게 되었습니다. '교직은 천직(天職)이라고들 하는데 나는 원래 아이들을 사랑하지 않는 선생이었나?'라고 자책하기도 했습니다. 결국 번아웃 증후군[1]이 온 저는 1년간 학교를 휴직하고 제주도에 내려가 자신을 돌아보는 시간을 갖게 되었습니다.

그런데 제주 올레길을 혼자 천천히 걸으며 생각에 잠겨 있을 때, 많은 기억이 떠올랐습니다. 그 기억 중에는 교직 생활을 하면서 나쁜 기억보다 좋은 추억이 훨씬 더 많았다는 걸 알게 되었습니다.

---

[1] 번아웃(Burnout) 증후군: 일에 몰두하던 사람이 극도의 스트레스로 인하여 정신적, 육체적으로 기력이 소진되어 무기력증, 우울증 따위에 빠지는 현상.

그리고 그 추억들은 극적이고 대단한 감동이 아니라 아주 소소하고 소박한 행복들이었다는 것도 깨닫게 되었습니다. 그 힘으로 지금까지 버텨 올 수 있었던 거였습니다. 학생의 짧은 한마디, 동료의 배려, 눈물 한 방울, 웃음 한 조각. 그런 작고 평범한 장면들이 제 마음에 작은 불빛이 되어 주었습니다. 그래서 다시 복직하자마자 직접 경험하거나 주변 사람들에게 들었던 미담, 소소하지만 행복하고 재미있는 사례를 짧은 분량의 이야기로 만들었습니다. 그리고 그것을 '미담 릴레이'라는 이름으로 동료들에게 보내드리기 시작했습니다.

어떤 사람을 부정적으로만 바라보면 결국 그 사람 자체가 싫어지기 마련입니다. 하지만 그 반대로 좋은 면에 눈길을 준다면, 그 사람은 또 다른 빛을 지닌 존재로 다가올 수 있습니다. 마치 마음으로 그려낸 모습이 현실이 되는 피그말리온 효과처럼요. 희망적이고 좋은 소식만 전해 주는 역할을 누군가는 해야 할 것 같았습니다.

처음에는 별로 관심 없던 선생님들도, 회차가 거듭될수록 학교생활에 긍정적인 에너지를 준다며 감사 인사를 전해 주셨습니다. 또 은근히 다음 미담 릴레이의 주인공은 누가 될지 기대하시는 선생님도 계셨습니다. 과분할 정도로 많은 칭찬과 격려를 받았습니다.

이 책은 그렇게 동료에게 보내드렸던 빛나는 구슬들의 모음입니다. 내 주변에서 피어난 따뜻한 이야기들을 한 알 한 알 구슬처럼 엮어 넣은 작은 보석함입니다. 그리고 삶에 지치고 고단한 날, 잠시 옛 추억에 기대어 쉬어가고 싶은 누구에게나 열려 있는 선물함입니다.

저는 그 구슬을 정성스럽게 꿰어서 전해 준 전령사(傳令使)[2]일 뿐, 주인공은 제가 아니라 제자와 동료들, 그리고 앞으로 미담을 만들어 가는 당신입니다. 제가 교사이기에 이야기의 무대가 주로 학교지만 이 사연들이 당신의 하루 끝에 따뜻한 미소 한 줄기를 전할 수 있다면 참 좋겠습니다. 작고 평범한 장면이 제 삶에 불빛이 되었듯, 당신의 마음 한구석을 밝히는 '좋은 뉴스'가 되기를 진심으로 바랍니다.

"자신이 미움받고 있다고 생각하는 사람은 주변에 100명 중 98명이 응원을 해도 깨닫지 못합니다. 자신이 행복하다고 생각하는 사람은 98명에게 감사의 마음을 갖습니다."
　－ 고코로야 진노스케, 『약해지지 않는 마음』

2　명령이나 메시지, 또는 어떤 일이나 상태를 전달하는 사람. 일상적으로는 중요한 소식이나 신호를 전하는 역할.

바로 긍정의 힘입니다.

'좋은 소식'이란 어느 날 낯선 이가 불현듯 건네는 선물이 아닙니다. 오히려 우리 곁에서 스쳐 지나가는 작은 일들을 감사와 긍정의 눈길로 바라볼 때 비로소 들려오기 시작합니다. 그리고 그 소식을 전해 주는 이는 다름 아닌 나 자신입니다. 그렇게 하루하루 작은 '좋은 소식'을 쌓아가다 보면, 언젠가 뜻밖의 누군가가 크고 감동적인 소식을 전해 주는 일이 생기기도 합니다. 여러분에게 '좋은 소식'이 많이 전해지고, 그것이 마음의 상처를 싸매는 붕대가 되어 나쁜 기억을 덮고 좀 더 행복해졌으면 좋겠습니다. 여기 적힌 이야기가 당신에게 전하는 서른여덟 개의 응원이길 진정으로 바라며 긍정적이고 아름다운 당신의 '미담 릴레이'로 계속 이어지길 소망합니다.

끝으로 저에게 기꺼이 자신의 이야기를 공유해 주고 응원의 메시지를 보내 주신 제자와 선생님께 깊이 감사드립니다. 그리고 한 권의 예쁜 보석함으로 출간할 수 있도록 도와주신 출판사 관계자분들에게도 심심한 감사의 마음을 전합니다.

장희걸 두 손 모음

목차

프롤로그 '좋은 소식'이 필요한 당신에게   006

선생님, 오늘은 이런 일이 있었어요
학생들이 전해 준 작은 기적들

내 마음속 작은 도서관	019
삼손의 머리카락이 만든 작은 기적	024
두 개의 대한민국	029
경쟁 너머에서 피어난 꽃	039
그리스 초콜릿의 맛	045
오른손이 한 일을 왼손도 알게 하라	051
30년보다 3년이 더 낫다	054
성적 너머의 소중한 인연	060
고3이 교복을 입고 매점에 간 이유	065
이름보다 오래 남는 선물	069
양치기 소년의 변명	073
선배님, 저 왔습니다	085
없어졌다고 없는 게 아닙니다	091
괜찮아, 우리가 함께하잖아	098
교육은 단 1%의 희망을 믿는 일	102

선생님, 우리 함께 걸어요
학생과 교사가 함께 걷고 함께 자란 시간

왕자님과의 약속이 남긴 울림	113
다시 칠판을 향해 돌려놓은 책상	119
배지(badge)는 사랑을 싣고	125
한 사람을 위한 엘리베이터	130
세상에서 가장 행복한 공연	135
없던 학생도 받게 되리라	141
교직의 끝에서 춤추다	146
선순환을 목격하다	152
교과서를 바꾸는 사람들	157
선생님의 진학지도는 잘못되었어요	162
술값 내고 도망간 제자	169
선생의 맛?	175

3장 선생님, 함께 버텨 주셔서 고마워요
동료들과 서로 등을 토닥이며 견뎌 낸 나날들

들꽃을 더 사랑한 사람	183
에스프레소맨	189
불합격 선물?	194
숫자보다 마음	198
'굳이'라는 놈	203
어느 뿌리꾼의 자수	210
정년퇴임의 조건	215
낭만 선생의 간절한 기도문	219
더치페이의 반전	223
어느 농사꾼의 꿈	228
주인 없는 식판	233
이제 당신의 미담을 만들어 보세요	239

에필로그 241

일러두기
이 책에 나오는 주인공 이름은 실명(동의) 또는 가명(비동의)으로 표기하였습니다.

내 마음속 작은 도서관

#미담 릴레이 첫 번째 이야기

❈

"네 이름이 뭐니?"

"은서요. 황은서. 저 행복나누미요. 할머니~ 지난주에도 제가 와서 발 마사지 해드렸는데 기억 안 나세요?"

"행복나누미? 이름이 참 좋구나. 은서는 손도 아주 예쁘고. 근데 은서는 언제 행복해?"

"글쎄요. 그냥 기쁜 일 있을 때요."

"그래~ 기쁠 때 행복하지. 근데 진짜 행복할 때는 말이야. 내가 발전하고 있는 모습을 발견했을 때란다. 그러니 은서도 무엇이든 열심히 해서 성취하는 경험을 자주 하면 행복한 시간이 많아지겠구나. 그랬으면 좋겠다."

'행복나누미'를 아시나요? 학교에서 10년 넘게 운영한 효봉사단이었습니다. 행복나누미는 학생들이 발 마사지 기술을 배우고, 일주일에 한 번씩 요양원으로 찾아가 자신이 담당한 어르신에게 말벗, 발 마사지 등을 해드리는 봉사활동이었습니다. 여러 봉사대회에서 수상도 많이 했죠. 교장실 벽에 상장도 여러 개 걸려 있답니다.

행복나누미로서 노한숙 할머니를 담당했던 은서는 이날도 어김없이 봉사활동을 하고 있었습니다. 노한숙 할머니는 약간 치매기가 있으셔서 은서를 기억 못 할 때가 많았습니다. 그래서 매번 이름을 물어보시곤 했는데, 은서는 그때마다 짜증 내지 않고 똑같이 대답했습니다. 은서가 발 마사지를 해드리는 동안 할머니는 어렸을 때 어떻게 살았는지, 일제 강점기와 6 · 25 전쟁 때 어떤 일이 있었는지 조곤조곤 말해 주셨습니다. 그 이야기 안에는 은서가 처음 듣는 단어들도 있었습니다. 순사, 디딜방아, 멍에, 달구지, 부지깽이, 쟁이, 베틀, 망태 할아버지 등.

은서는 참 신기했습니다. 도서관이나 박물관에서만 보았던 일제 강점기와 6 · 25 전쟁, 그리고 서민들의 생생한 근현대사 경험담을 직접 들을 수 있었으니까요. 그리고 대한민국이 불과 몇십 년 전과 비교해 얼마나 발전했는지 새삼 실감했습니다. 그리 먼 역사

속의 이야기가 아니라는 생각도 들었습니다. 옛날이야기를 듣는 것 같아 재미있기도 했지만, 한편으로는 할머니 세대가 얼마나 고생을 많이 했는지도 알게 되었지요. 그래서 매주 눈이 오나 비가 오나, 몸이 아파도 할머니를 만나러 요양원으로 향했습니다.

할머니도 그런 은서가 너무 예뻐서 음료수나 사탕 같은 간식을 안 먹고 챙겨 두었다가 은서에게 주시곤 했습니다. 어느새 할머니도 은서가 오는 날을 손꼽아 기다리게 되었습니다. 가끔 치매로 인해 했던 이야기를 또 하기도 했지만, 은서는 개의치 않고 처음 듣는 것처럼 맞장구를 쳐 드렸습니다. 이렇게 맺어진 할머니와 손녀 같은 인연은 1년간 이어졌습니다. 그러던 어느 날, 은서가 집안 사정으로 한 주를 못 나가고 2주 만에 요양원으로 갔을 때 할머니가 보이지 않았습니다.

"원장님, 노한숙 할머니 어디 가셨어요?"
"아~ 할머니가 갑자기 몸이 안 좋아지셔서 큰 병원으로 가셨어. 안 그래도 '나 이번 주 금요일 은서한테 발 마사지 받아야 하는데…' 하시며 너 오는 날만 손꼽아 기다리고 계셨단다."

그리고 며칠 후 청천벽력 같은 할머니의 부고 소식을 듣게 되었습니다. 은서는 너무너무 마음이 아픈 나머지 그 자리에 주저앉아 엉엉 울었습니다. 언제나 처음 본 것처럼 이름을 물어봐 주시던 할머니. 조곤조곤 삶의 지혜를 알려 주시던 할머니였는데….

얼마 후 은서가 저에게 제출한 봉사활동 일지에는 이렇게 적혀 있었습니다.

> 나에게 진정한 행복의 의미를 알려 주신 할머니. 할머니 덕분에 간접 경험도 많이 하고 재미있는 이야기도 들을 수 있었다. 그래서 할머니를 만나러 갈 때는 봉사활동이 아니라 동네 도서관을 가는 것 같았다. 그런데 나에게 새로운 세상을 알려 주던 내 마음속 작은 도서관은 이제… 없다.
> 나도 나이를 먹으면 이렇게 누군가에게 지혜를 줄 수 있을까? 행복을 나눠 주는 '행복나누미'라지만 행복을 나눠 준 건 내가 아니라 내 마음속 작은 도서관, 바로 할머니였다. 언젠가 하늘에서 할머니를 다시 만나면 또 내 이름을 물어보시겠지.
> 난 그때도 지금처럼 대답할 거다.
>
> "네 이름이 뭐니?"
> "은서요. 행복나누미요. 제가 아주 예전에 매주 할머니 발 마사지

해드렸는데…. 기억 안 나세요? 할머니~ 너무 오랫동안 못 와서 죄송해요~"

장 교주 두 손 모음

행복나누미의 이야기가 더 궁금하다면?

'장 교주'라고 불린 사람. 그에게는 평범한 순간을 드라마로 바꿔 내는 특별한 힘이 있다. 그의 이야기에 빠져들다 보면 나 또한 삶의 주인공이 되고 있음을 느낀다.

– 윤영현(교사)

삼손의 머리카락이 만든 작은 기적

#미담 릴레이 두 번째 이야기

"삼손이 진심으로 드러내어 그에게 이르되, 내 머리 위로는 삭도[3]를 대지 아니하였나니 이는 내가 모태에서부터 하나님의 나실인이 되었음이라. 만일 내 머리가 밀리면 내 힘이 내게서 떠나고 나는 약해져서 다른 사람과 같으리라 하니라."

— 사사기 16장

삼손.
구약성경에 등장하는 초자연적 괴력의 소유자입니다. 괴력의 근

---

3 머리카락을 자르는 칼.

원은 하나님으로부터 부여받은 긴 머리카락이었지요. 하지만 어리석은 행동으로 방탕하게 생활하던 그는 머리카락을 잘리게 되고, 블레셋 군대에 잡혀가서 두 눈이 뽑힌 채 노예 생활을 합니다. 그러던 중 머리카락이 다시 자랐고, 과오를 뉘우치자 괴력을 되찾아 블레셋의 성전을 무너뜨리고 죽었다고 합니다. 그래서 저 같은 옛날 세대 남자들은 머리카락을 길게 기른 남자를 보면 삼손 같다고 말하곤 했습니다. 그리고 뭔가 어색하고 이상하게 느껴졌지요. 언젠가 이른 새벽, 대중목욕탕에 들어갔다가 머리 긴 사람이 혼자 샤워하는 뒷모습을 보고 여탕으로 잘못 들어왔나 기겁한 적도 있습니다. 그렇다 보니 고등학교 남학생이 길게 머리를 기르는 것은 더욱 용납이 안 되었던 시절이 있었습니다. 저 또한 머리카락이 긴 남학생을 보면 모범적이지 않다고 생각했지요.

작년에 삼손처럼 머리를 길게 기르고 학교에 다녔던 2학년 남학생 두 명이 있었습니다. 그런데 올해 3학년이 된 두 명이 어느 날 단정하게 머리카락을 자르고 학교에 왔습니다. 그 모습을 본 교감 선생님이 물었습니다.

"웬일이냐? 왜 갑자기 머리카락을 잘랐니? 이제 3학년이니까 뭔가 열심히 해 보려고?"

남학생들의 대답은 의외였습니다.

"기부했어요."
"기부?"
"네, 암 환자들을 위해 머리카락을 기부할 수 있다고 해서 1년 넘게 길렀다가 얼마 전 기부한 겁니다."

저는 학생들의 겉모습만 보고 선입견을 대입해 안 좋게 생각하는 버릇이 여전합니다. 마음이 좋지 않았는데 이 이야기를 듣는 순간 제가 또 반성하게 되더군요. 기특해서 저도 그 두 명의 삼손을 불러 칭찬해 주었습니다.

"야~ 너희 진짜 기특하다. 어떻게 그런 생각을 했니? 지금부터는 기부 말고 미용으로 길러 보면 어때? 나름 잘 어울리던데."

두 녀석은 고개를 절레절레 흔들며 동시에 대답합니다.

"절대로 안 길러요. 제가 길러 보니까 건강하게 긴 머릿결을 관리한다는 게 얼마나 어렵고 번거로운 건지 뼈저리게 느꼈습니다. 여자들이 정말 존경스럽습니다."

구약의 삼손은 머리카락이 잘려 힘을 잃었지만, 우리 학교 삼손 2명은 잘린 머리카락으로 오히려 다른 이들에게 힘을 주었네요.

우리는 종종 눈에 보이는 모습만으로 사람을 판단합니다. 그러나 겉모습 뒤에는 우리가 미처 알지 못한 사연과 따뜻한 마음이 숨어 있기도 합니다. 선입견은 우리의 시야를 가리지만, 열린 마음은 뜻밖의 감동을 만나게 합니다. 두 학생이 길러 온 머리카락은 단순한 머리카락이 아니라, 누군가에게는 위로와 용기가 되었을 겁니다. 내게는 작은 실천일지라도, 그것이 다른 이에게는 삶을 버티게 하는 힘이 될 수 있습니다. 어쩌면 세상을 따뜻하게 바꾸는 힘도 거창한 것이 아니라, 선입견을 내려놓고 마음을 여는 작은 실천에서 시작되는 것 아닐까요?

"고등학생 삼손이 진심으로 드러내어 교감에게 이르되, 내 머리 위로는 1년간 삭도를 대지 아니하였나니 이는 내가 모태에서부터 어려운 이를 위한 인간이 되었음이라. 만일 내 머리가 밀리면 내 힘이 다른 이에게 전하고, 나는 그전의 나와 달라지리라 하니라."[4]

― 고교기 16장

장 교주 두 손 모음

> 학생 시절, 장 교주님은 제게 늘 열정과 긍정의 아이콘이셨습니다. 28년이 흘러 저 또한 교사가 되었지만, 한결같은 모습을 지킨다는 게 얼마나 힘든 일인가 새삼 느낍니다. 그런 은사님과 지금 같은 교단에 서 있다는 사실이 정말 자랑스럽습니다.
>
> ― 조은영(3회 졸업, 교사)

---

[4] 본 문장은 '사사기 16장'의 구절을 패러디한 것으로, 고등학생 삼손을 등장인물로 하여 학교 상황에 맞게 각색한 것입니다.

두 개의 대한민국
 # 미담 릴레이 세 번째 이야기

매년 6월 29일이 되면 제 마음속에는 두 개의 대한민국이 떠오릅니다.

2002년 6월 29일.

이날은 하나의 대한민국에서 두 개의 상반된 장면이 연출된 날입니다. 첫 번째 장면은 육지에서 월드컵 3, 4위전이 열리는 날이라 온 나라가 축제 분위기였고, 나머지 하나는 바다에서 남북 간에 치열한 전투가 벌어진 날입니다.

"엄마, 아빠~ 건강하게 잘 다녀오겠습니다. 제대하면 나중에 치과기공소 차려서 엄마 아빠 틀니 만들어 드리고 행복하게 해드릴 게요."

박동혁 군이 입대하는 날 했던 마지막 인사말입니다.

우리 학교 졸업생인 박동혁 군은 대학교 치기공과에 입학하였고 휴학 후 2001년 2월, 대한민국 해군 456기로 입대했습니다. 천안함에서 의무병[5]으로 근무하다가 2002년 4월부터 참수리급 고속정 357호로 배속되었습니다.

2002년 6월 29일 오전 10시 25분.

연평도 서쪽, 잔잔한 바다 위를 가르며 참수리 357호가 임무를 이어가고 있었습니다. 늘 수행하던 평범한 해상이었지만 그 고요는 오래가지 않았습니다.

"펑!"

귀청을 찢는 굉음과 함께 조타실 창문이 산산조각 났습니다. 북

---

5 군대에서 위생과 응급 처치, 간호에 관한 직무를 수행하는 병사.

한 경비정이 아무런 사전 경고 없이 기습포격을 가한 것입니다. 불길이 치솟으며 조타실 내부는 순식간에 지옥으로 변했습니다. 연이어 북한군의 개인화기와 포탄의 집중 공격이 이어졌습니다.

"함장님!"

함교 위에 서 있던 함장, 윤영하 대위가 쓰러졌습니다. 북한 저격수의 탄환이 그를 정조준한 것입니다. 부함장 이희완 중위가 급히 지휘권을 이어받았으나 그의 다리 역시 포탄에 맞아 거의 절단된 상태였습니다. 살을 에는 고통에도 그는 이를 악물고 명령을 이어 갔습니다.

갑판 위에서는 박동혁 상병이 쓰러져 가는 전우들을 살리겠다는 일념으로 몇 번이고 갑판 위아래를 오가며 부상병들을 옮기고 있었습니다. 전우를 부축해 옮기고, 다시 돌아와 또 다른 부상병을 끌어냈습니다. 이미 온몸은 총상과 파편으로 갈기갈기 찢겨 있었지만 그의 발걸음은 단 한 순간도 멈추지 않았습니다. 바로 그때였습니다.

"M60 사수 피탄!"

서후원 하사가 저격수의 총탄에 맞아 몸이 고꾸라졌습니다. 피범벅이 된 기관총이 갑판에 떨어지자 박동혁 상병이 달려들어 그것을 움켜쥐었습니다. 떨리는 팔로 방아쇠를 당기며 울부짖었습니다.

"야, 이 새끼들아! 제발 그만해!"

그러나 곧 집중되는 적의 사격이 그의 몸을 가로질렀고, 박동혁 상병은 끝내 무너져 내렸습니다. 한편 전기계통이 먹통인 상태에서 간신히 수동으로 조작하며 대응 사격하던 20mm 발칸포 사수 조천형 중사도 전사합니다. 또 다른 발칸포 사수 황도현 중사는 머리에 기관포탄을 맞고 그 자리에서 절명합니다. 나중에 시신을 수습하던 군인들은 순간 숨조차 멈출 수밖에 없었다고 합니다. 두 분은 마지막 순간까지 발칸포 방아쇠를 놓지 않은, 그 자세 그대로였기 때문입니다. 또한 조타장[6] 한상국 중사는 전우들의 안전한 귀환을 위해 마지막 순간까지 조타기[7]를 지키고자 자신의 손을 스스로 조타기에 묶어 두었습니다. 그는 끝내 침몰한 참수리호의 조타실에서 그런 모습으로 발견되었습니다.

---

6   선박의 방향과 속도를 조절하며, 항해사 및 부사관과 협력해 안전한 항해를 이끄는 책임자.
7   배의 키를 조종하는 장치. 자동차의 핸들과 같은 역할.

총탄과 포탄, 불길과 연기, 비명과 굉음이 뒤엉킨 지옥 같은 바다 위. 아비규환과 같은 교전 상황에서 우리의 영웅들은 그렇게 하나둘 쓰러져 갔습니다. 그중 한 명이 바로 우리 학교 3회 졸업생 박동혁 군입니다.

2002년 6월 29일. 대한민국 해군 제2함대 소속 참수리 357호는 말 그대로 지옥으로 변해 있었습니다. 서해 바다에서는 죽어가는 순간까지 '대한민국'을 위해 치열한 전투를 벌이고 있는데, 육지에서는 월드컵 축제 분위기로 손뼉을 치며 '대~한민국! 짝.짝.짝.짝.짝.'을 외치고 있었죠.

박동혁 군은 다리가 절단되고 온몸에 100개가 넘는 파편이 박힌 심각한 부상을 입고 국군수도병원에 이송되어 사경을 헤매다가 2002년 9월 20일 결국 전사했습니다. 부상병을 구조하러 갑판 위로 올라가지 않고 갑판 아래 숨어 있었다면 살 수 있었습니다. 하지만 그렇게 하지 않았습니다. 그래서 더욱 슬프고 안타깝습니다. 그 후 몇 년 동안 박동혁 군은 국가로부터 '전사자 예우'도 받지 못했습니다. 월드컵 축제 분위기에 취해 있던 국민과 언론도 큰 관심을 보이지 않았습니다. 모두 육지의 '대한민국'만 기억하고 있었죠.

결국 2004년 우리 학교 제9대 학생회에서 고 박동혁 선배를 위한 모금 활동을 시작했습니다. 학생, 교직원의 모금으로 약 500만 원의 성금이 모였습니다. 이 돈으로 아무도 기억해 주지 않는 선배를 기리기 위해 교정 한쪽 화단에 박동혁 추모비를 세웠습니다. 추모비 아래에는 전투 당시 박동혁 상병이 차고 있던 피 묻은 군번줄과 몸에서 나온 파편, 생전에 가장 아끼던 일기장 등이 담긴 작은 단지가 묻혔습니다. 그리고 추모비에는 당시 국어 교사였던 박계숙 선생님이 직접 지으신 추모 시가 새겨졌습니다.

서해

창창한 물결 위에

그대

뜨거운 조국 사랑

하늘 가득한

웅혼한 기상

영원히 빛나리라.

2004년 10월 1일, 제56주년 국군의 날.

드디어 학교 교정에서 박동혁 군을 위한 첫 추모식이 엄숙히 거행되었습니다. 박동혁 군의 부모님과 학생들, 당시 전우들, 해군사

령부 제2전투참모장, 기자, 국회의원 등 400여 명이 모여 고 박동혁 군의 의로운 죽음을 애도했습니다. 학생들은 교복에 '잊지 말자 (Never Forget) PKM357'이라고 적힌 배지를 달고 행사에 참석했습니다. 이날 학생회장이 추모비 건립 후 남은 돈 약 300만 원을 전달하자, 부모님께서는

"아무도 관심 갖지 않았던 아들을 위해 이렇게 후배들이 추모비 세워 준 것도 고마운데, 내가 이 돈을 어떻게 받겠습니까. 고마운 뜻만 받겠습니다. 이 돈은 동혁이 후배들의 장학금으로 써 주세요."

라며 그 자리에서 장학금으로 기부하셨습니다. 그리고 그 후에도 정부로부터 동혁 군 앞으로 매달 지급되는 보상금 전액을 한 푼도 쓰지 않고 꼬박꼬박 모아서 장학금으로 전달하셨습니다. 추모식 며칠 뒤, 보병 제60기계화여단장은 우연히 신문 기사를 통해 이 사실을 접하게 되었습니다. 학교와 학생들의 따뜻한 마음에 깊은 감동을 받은 부대장은 우리 학교에 자매결연을 요청했습니다. 그 후로 19년 동안 매년 학생회 임원들을 부대로 초청해 탱크를 태워 주고, 함께 식사도 하고, 내무반을 보여 주는 등 다양한 병영 체험도 시켜 주었지요.

지금도 우리 학교에서는 매년 9월 20일이면 박동혁 군이 전사한 날을 기려 전교 학생자치회 주관으로 약소하게나마 추모식을 거행하고 있습니다. 왜냐하면 우리는 4강 신화를 이뤄낸 태극전사의 '대한민국'을 기억하듯이, 죽음의 공포 앞에서도 굴하지 않고 조국을 위해 용감하게 싸웠던 영웅들의 '대한민국'도 기억해야 하기 때문입니다.

박동혁 군 어머니가 하늘에 있는 아들에게 보낸 편지 내용 중에서

아들아, 잘 지내고 있니?
오늘도 엄마는 너의 이름을 불러 본단다. 중환자실에서 너의 모습은 차마 눈 뜨고는 볼 수가 없었다. 다리가 없다는 걸 알았는지 왼손으로 엉덩이 쪽을 만지면서 흐느낀다.
'엄마, 내 다리 어디로 갔어? 저리고 너무 아프다.'
이런 현실 속에서 너와 우리 가족은 피눈물을 토했다. 엄청난 상처를 뒤로한 채 9월 20일 새벽, 너는 저 멀리 하늘나라로 가 버렸다. 내 아들은 어느 나라, 누구를 위해 목숨을 바쳤다는 말인가. 2003년 6월 11일. 기다리던 아들의 제대 날이다.
대문을 열고 '엄마~ 나 왔어.'라는 소리가 귀에 들어올 것만 같다. 문도 열어 보고 대문 밖에 나가 서성거린다. 해가 뉘엿뉘엿 져도 아들은 오지 않는다. 북받쳐 오는 설움에 남편을 붙들고 '왜 동혁이는 오지 않냐?'고 미친 사람처럼 목 놓아 울었다. 그래서 6월은 힘들다.

동혁아.

세상에 태어나 피어보지도 못하고 너는 가버렸지만, 엄마는 너를 너무너무, 엄마의 분신보다도 너를 사랑했다. 제대하면 치과기공소 차려서 엄마, 아빠 행복하게 해 준다던 착한 우리 아들. 오늘도 내 아들에 대한 그리움으로 하루해가 저문다. 총소리, 전쟁 없는 하늘나라에서 아프지 말고 부디 건강하고 행복하거라. 이 글은 엄마가 하늘나라에 부친다.

사랑하는 내 아들에게로.

장 교주 두 손 모음

'잊지 않겠습니다.' 고 박동혁 병장 관련 뉴스

선생님의 수업은 시험을 위한 수업, 대학 입시를 위한 수업이 아닌 세상살이를 위한 수업입니다. 웃음과 감동이 넘치는 수업입니다. 선생님의 마지막 교직 생활에 수업을 들을 수 있어서 너무 감사합니다.

— 김가온(제자, 2학년 8반)

이치고 이치에. 선생님께서 일본어 수업 첫 시간에 가르쳐주신 말입니다. '귀중한 인연으로 만난 서로에게 정성을 다한다.'라는 뜻이지만 선생님이 항상 더 많은 정성을 저희에게 주십니다. 언제나 진심으로 학생들의 마음에 다가가고자 재밌는 수업을 만들어 주심에 감사드립니다.

— 원예은(제자, 2학년 12반)

경쟁 너머에서 피어난 꽃

#미담 릴레이 네 번째 이야기

수업 시작 종이 울렸습니다. 저는 평소처럼 수업 준비를 위해 노트북을 교실 TV에 연결하고 있었습니다. 갑자기 진석이가 말합니다.

"선생님, 예선이가 아직 안 와서 잠깐 데리러 밖에 나갔다 오겠습니다."

그런데 잠시 후 진석이가 돌아와서는 말합니다.

"선생님, 아무리 찾아도 예선이가 없어요."

갑자기 '어떡하지?', '어디 갔지?' 하며 아이들이 웅성거립니다. 저는 수업을 막 시작했는데 분위기가 어수선해지는 것 같아 이렇게 말했습니다.

"괜찮아, 얘들아. 그냥 무단결과[8] 처리하면 되는데 뭐가 문제야. 예선이만 손해지 뭐. 수업이나 하자."

평소에도 가끔 수업이 시작되고 늦게 교실로 복귀하는 녀석들이 있어 그런 학생인 줄 알고 출석부에 무단결과 표시는 하지 않았습니다. 그런데 점심시간에 복도에서 명준이와 서진이가 절 보더니 뛰어옵니다.

"선생님, 예선이 알고 보니 인정조퇴[9]였어요. 저희가 모르고 그랬으니 무단결과 처리하시면 안 돼요."

사실 출석부에는 아무 표시가 안 되어 있었지만 친구를 걱정하

---

8 허락이나 신고 없이 학교 수업에 참여하지 않는 것. 출석부에 기록되면 학교생활기록부 출결 상황에도 반영되어 대학입시에서 불리하게 작용할 수 있음.
9 특별한 사유가 있어 학교에서 공식적으로 허락 받아 조퇴하는 것.

는 아이들의 마음이 예뻐서

"아~ 그랬구나. 알았다. 내가 지워 줄게. 그래도 친구가 무단결과 처리될까 봐 걱정됐나 보구나. 착하다."

라고 칭찬해 주었습니다. 그런데 이것으로 끝이 아니었습니다. 5교시가 끝나고 이번엔 은서와 진미가 저를 찾아왔습니다.

"선생님, 예선이 무단결과가 아니라 인정조퇴한 거예요."

저는 처음 듣는 것처럼 똑같이 대답했습니다.

"아~ 그랬구나. 알았다. 내가 지워 줄게. 친구 걱정하는 마음이 예쁘구나."

일과가 끝나고 퇴근하는 길에 이번에는 연무가 또 저에게 달려와 같은 말을 합니다. 이렇게 세 번씩이나 학생들에게 이야기를 듣다 보니 입가에 미소가 지어지더군요. 학생들은 정말 같은 반 친구가 무단결과로 학교생활기록부에 기록될까 봐 걱정되었나 봅니다.

그러자 자연스럽게 어떤 학교 선생님이 저에게 들려 주신 이야기가 떠올랐습니다. 조별 수행평가[10]가 진행되던 중, 공부 잘하는 학생이 찾아와서는 이렇게 말했다고 합니다.

"조원들이 마음에 들지 않아요. 별로 의욕도 없어 보여요. 그런 애들과 함께 공동으로 평가를 받는 게 억울해요. 그 애들이 제 덕분에 무임승차하는 것 같아서요."

그 학생의 마음도 이해는 됩니다. 엄연히 입시라는 현실이 있고, 자신의 노력이 온전히 평가 받길 바라는 마음이겠지요. 그래서인지 친구가 무단결과 처리되는 것이 걱정돼서 세 번씩이나 저를 찾아와 알려 주는 학생들이 오늘따라 더욱 예쁘게 느껴졌습니다.

아이들이 경쟁 속에서도 성적보다 친구의 마음을 먼저 헤아릴 줄 아는 존재였으면 좋겠습니다. 교사라는 직업이 사람의 마음과 삶의 가치를 함께 가르치는 자리임을 새삼 느낍니다. 교실에서의 하루, 학생들의 작은 배려와 걱정, 때로는 엉뚱한 실수조차도 삶의

---

10 정규 지필평가와는 별도로 과제, 발표, 실험, 토론 등 다양한 활동을 통해 학생의 실제 능력과 이해도를 평가하는 것. 내신 성적에 반영됨.

한 조각이 됩니다. 성적표에는 기록되지 않지만, 인간으로서 서로를 존중하고 이해하는 법을 배우는 소중한 순간이니까요. 교학상장(敎學相長)이라는 말처럼, 저도 함께 배우고 성장하는 모습을 발견하곤 합니다. 그래서 제가 이렇게 미담 릴레이를 시작한 것일지도 모릅니다. 아이들의 행동 하나하나에 귀 기울이기 위해. 교실에서 일어나는 작은 사건 하나가 사실은 삶의 중요한 철학을 담고 있다는 것을 되새기기 위해. 예선이와 그 친구들의 이야기처럼, 삶은 단순한 결과가 아니라 서로의 마음을 살피고 이해하며 함께 걸어가는 여정입니다. 저는 그 길목에서 조용히 길을 비추고, 때로는 함께 걸으며 삶의 의미를 발견하도록 도와주는 사람이면 족합니다.

며칠 후 예선이가 절 찾아왔습니다.

"선생님, 저번에 제가 급한 사정이 있어서 무단결과를 했는데 출석부에 체크 안 해 주셔서 감사합니다. 나중에 담임 선생님이 처리해 주셨어요."
"엥? 인정조퇴가 아니었어?"

삶은 때때로 허무한 반전으로 끝나기도 합니다. 하지만 그 과정에 담긴 진심은 결코 거짓이 아니겠지요?

장 교주 두 손 모음

> 고등학교 시절, 재미있게 배웠던 일본어. 항상 의미 있고 다양하게 가르쳐 주셨던 장 선생님이 계셨기에 지금의 제가 일본에서 무탈하게 직장 생활하고 있습니다. 이 책의 내용들처럼 항상 행복 에너지로 사람들에게 좋은 영향력을 주시는 선생님을 존경합니다.
> – 안정기(3회 졸업, IT기업)

그리스 초콜릿의 맛

\# 미담 릴레이 다섯 번째 이야기

　수업을 마치고 교무실로 돌아와 보니, 저 멀리 그리스에서 물 건너온 초콜릿 3개가 책상 위에 올려져 있었습니다. 예전에는 저도 조금 인기가 있는 편이어서 학생들이 몰래 과자나 초콜릿 같은 간식을 제 자리 위에 올려놓고 가는 일이 잦았습니다. 하지만 슬프게도 어느 순간부터 있을 수 없는 일이 돼 버린 지 오래입니다. 그래서 보통 이런 경우 제가 하는 말이 있습니다.

　"이거 어느 선생님이 주신 거예요?"

　네, 주로 동료 여선생님들이 나눠 주시는 간식이 대부분이기 때문이지요. 그런데 그게 아니었습니다. 은수라는 남학생이 교무실 전체 선생님들 책상 위에 올려놓았다고 합니다. 얼마 전 정년퇴임을 앞둔 수학 선생님 마지막 수업 시간. 눈물짓는 선생님께 용돈으로 산 꽃을 선물하며 아래와 같은 말을 전했던 바로 그 남학생입니다.

"선생님, 저는 수학을 너무 못했습니다. 그런데 선생님은 그런 저를 한 번도 혼내시거나 무시하지 않으시고 오히려 예뻐해 주셨죠. 감사합니다. 안녕히 가세요."

은수는 공부를 잘하는 학생이 아닙니다. 오히려 반대이지요. 은수에게는 수학 시간이 외계인의 언어를 배우는 시간 같았을 겁니다. 다른 수업 시간에도 마찬가지였겠죠. 알아들을 수 없는 설명, 재미없는 수업이었을 테니까요. 그래서 엎드려 자거나 딴짓을 할 법도 한데 은수는 한 번도 그런 모습을 보이지 않았습니다. 오히려 수업 시간에 꼿꼿하게 선생님을 응시하며 열심히 듣는 모습이었습니다.

"넌 왜 공부에 관심 없는 다른 학생들처럼 엎드려 자거나 딴짓을 하지 않니?"

"선생님들도 수업 열심히 준비해 오셨을 텐데, 그냥 예의가 아닌 것 같아서요."

은수의 대답입니다.
그런 은수가 정말 좋아하는 게 하나 있습니다. 바로 주짓수입니다. 매일 학교가 끝나면 체육관에서 열심히 훈련하고, 헬스장에서 운동하는 게 은수에게는 가장 큰 재미와 행복입니다.

"너는 은수 어디가 좋아서 친하게 지내냐?"
"은수는 맑고 순수한 친구입니다. 키도 크고, 덩치도 있고 주짓수도 잘하지만, 한 번도 약한 친구를 괴롭히거나 힘 자랑을 하지 않아요. 오히려 겸손하죠. 저는 그런 은수가 참 좋아요."

은수와 가장 친한 친구 성건이가 제게 한 말입니다. 은수가 선생님들께 초콜릿을 돌린 이유도 바로 그리스에서 개최된 '세계 주짓수 대회'에서 은메달을 획득했기 때문이랍니다. 덩치가 산만 한 녀석이 교무실에서 은메달을 목에 걸고 서서, 선생님들께 칭찬 세례를 받으며 쑥스러워했을 거라고 생각하니 저절로 미소가 지어지더군요.

성적이 우수하지 않더라도 이렇게 자신이 좋아하는 무언가를 위해 열심히 노력하고, 예의 바른 학생을 그 어떤 선생님이 예뻐하지 않을 수 있을까요. 수학 선생님도 그런 은수가 기특하여 성적과 상관없이 예뻐하셨을 겁니다. 상위권 대학에 진학한 제자도 기특하고 자랑스럽습니다. 하지만 은수처럼 국가대표가 되어 세계 무대에서 멋진 경기를 펼치고, 감사의 마음을 담아 초콜릿 세 개를 건네준다면 그보다 더 큰 기쁨은 없을 것 같습니다. 저만 그렇게 느끼는 건 아니겠지요?

결국 삶을 지탱하는 힘은 학교 성적이 아니라 자신이 사랑하는 무언가를 끝까지 밀고 가는 열정입니다. 은수가 준 초콜릿 세 알에는 단순한 선물 이상의 의미가 담겨 있었습니다. 땀과 노력의 무게, 그리고 선생님께 감사할 줄 아는 마음 말입니다. 교사라는 직업은 바로 이런 순간에 보람을 느낍니다. '아이들을 가르친다'는 말이 사실은 '아이들의 삶을 곁에서 지켜본다'는 뜻임을 깨닫게 되는 순간이지요.

학교는 성적 경쟁의 무대이기도 하지만, 동시에 각자의 가능성을 확인하고 자신만의 길을 걸어갈 힘을 키우는 작은 사회입니다. 그리고 교사의 역할은 그 길 위에서 아이들의 크고 작은 성취를 도와주고, 그것이 빛날 수 있도록 응원해 주는 일 아닐까요? 그래서 저는 은수의 초콜릿을 단순한 선물이 아니라, 삶에서 무엇을 가치로 삼고 살아가야 할지를 일깨워 주는 상징처럼 받아들였습니다. 교실 안팎에서 우리가 지켜야 할 가치는 결국 성적이나 지위가 아니라, 자신이 좋아하는 일을 통해 성장하고, 감사할 줄 아는 마음을 잃지 않는 것임을 은수가 보여 주었으니까요.

기쁘고 대견한 마음으로 책상 위에 있던 그리스 초콜릿을 한 개 까서 입에 넣었습니다.

맛이 궁금하다고요?

주짓수처럼 입안에 짝! 짝! 달라붙어서 조여 주는 느낌과 더불어, 달고 쫀득한 맛이 너무나도 일품이었습니다.

장 교주 두 손 모음

은수가 어떻게 생겼는지 궁금하신가요?

> 이 학교에 와서 성적과 상관없이 학생을 사랑하는 선생님을 만나 제 생각도 많이 바뀌었습니다. 저를 이렇게 미담 사례의 주인공으로 써 주셔서 감사합니다. 선생님 말씀처럼 열심히 꿈을 포기하지 않고 노력하겠습니다. 다음에는 금메달과 함께 초콜릿 300개 가지고 오겠습니다.
>
> — 이은수(제자, 3학년 8반)

오른손이 한 일을 왼손도 알게 하라
#미담 릴레이 여섯 번째 이야기

"웅~"
휴대폰 진동이 울렸습니다.

"안녕하세요. 노인복지관입니다. 이번에 귀교 학생들 기부금 전달식 때, 사진 촬영을 위해 홍보 패널을 제작하려 하는데요. 혹시 원하지 않으시면 준비하지 않겠습니다. 간혹 기부금 전달하시는 분들이 부담스럽다고 안 하시기도 하거든요. 어떻게 할까요?"
"무슨 말씀을요. 오른손이 하는 일은 왼손도 알아야 한다는 게 제 지론입니다. 꼭 제작해 주세요. 기념 촬영도 부탁드립니다."

학교 축제 때 2학년 8반과 커피바리스타반 동아리 부스에서 벌어들인 수익금 전액을 기부하고 싶다는 말을 듣고, 예전에 몇 번 기부한 적이 있던 노인복지관을 연결해 주었습니다. 학생들이 스스로 기부하겠다는 말을 들은 게 오랜만인 것 같아 기쁘고 대견했습니다.

예전에는 축제가 끝나면 여러 동아리나 학급에서 기부 소식이 전해지곤 했습니다. 하지만 언제부턴가 수익금을 학생들끼리 나누어 가지는 모습이 자주 보이더군요. 왠지 씁쓸한 기분이 들었습니다. 그나마 수익금으로 피자 파티라도 하면, 최소한 단합을 위한 사용이라며 선생님들은 위안하기도 했지요. 가끔,

"난 이번 축제 때 재료비 빼고 3,000원밖에 못 벌었어."
"나는 재료비도 못 건졌는데."

라는 학생들의 볼멘소리가 들려옵니다. 그럴 때면 축제를 위해 함께 준비하고 운영하는 과정에서 얻어지는 경험과 추억은 돈으로 바꿀 수 없는 소중함이라고 말해 주고 싶습니다. 이미 엄청난 가치를 벌어들인 것이라고요.

이런 와중에 2학년 8반과 커피바리스타반 학생들은 처음부터 수익금을 기부하겠다고 밝히고 시작한 것이니 기특하지 않을 수 없습니다. 그래서 패널도 제작하고 기념 촬영도 해 주고 싶었습니다. 그래야 학생들이 자신들의 기부가 상당히 의미 있는 일이며 그 선한 영향력이 다른 이들에게도 퍼질 수 있다는 사실을 알게 될 테니까요. 그것도 중요한 교육이라고 생각했습니다. 2학년 8반과 커피바리스타반 학생들은 성인이 되어 사회에 나가서도 언젠가 또 이런 아름다운 일을 이어갈 것이라 믿습니다.
　기부처를 연결해 준 저도 어깨가 절로 으쓱해집니다.

장 교주 두 손 모음

> 선생님의 열정적인 가르침과 따뜻한 격려는 저에게 항상 큰 힘이 됐습니다. 선생님은 제게 가장 큰 우상이자 스승이십니다. 이 책에서 말씀하시고자 한 것들도 늘 기억하며 살겠습니다.
> ─ 이복화(6회 졸업)

30년보다 3년이 더 낫다

#미담 릴레이 일곱 번째 이야기

　매년 가을은 관내 중3 학생들을 대상으로 한 고등학교 홍보 시즌입니다. 안산이 평준화[11]되기 전까지는 모든 고등학교가 신입생 유치를 위해 정말 치열하게 홍보하던 시절이었죠. 저 개인적으로도 이 기간을 제일 바쁘게 지냈던 것 같습니다. 14년간 학교 홍보 업무를 담당하고 있었으니까요. 그때는 안산뿐 아니라 용인, 여주, 이천, 산본, 군포, 시흥, 반월 지역의 중3 학생들이 입학하여 열심히 공부하는 아이들이 꽤 많았습니다. 그렇다 보니 언론에 4년 연속 전국 수능점수 상위 100대 학교에 선정되기도 했습니다. 당시

11　성적에 따른 선발이 아닌 추첨, 근거리 등으로 학생을 배정하는 방식.

전국연합학력평가를 보면 전 영역 평균 4등급[12] 이내의 학생들이 재학생의 75%가 넘었으니까요. 지금 생각해 보면 정말 수업할 맛이 났던 것 같습니다. 엎드려 자는 학생을 찾아보기가 힘들었고, 선생님들이 교육 프로그램을 만들어 소개하면 학생들은 스펀지처럼 빨아드렸습니다.

평준화 이후 학생들의 학력이 전반적으로 낮아지면서, 이제는 교과 수업보다 생활지도로 어려움을 겪는 선생님들이 많아졌습니다. 그래서인지 저도 비평준화[13] 시절의 학교 홍보와 평준화가 된 지금의 학교 홍보가 많이 다르게 느껴집니다.

'어차피 추첨으로 배정되는데 굳이 학교를 홍보할 필요가 있나?'

이런 자조적인 목소리도 있는 게 사실입니다. 저 또한 예전처럼 적극적으로 홍보하는 열정이 사라진 지 오래된 것 같습니다.

얼마 전, 각 부장 선생님에게 홍보 담당 중학교가 배정되었습니다. 저에게는 중앙중학교가 배정되었지요. 오랜만에 예전 홍보 방

---

12 상위 40% 이내.
13 중학교 내신 성적과 고등학교 입학시험 성적을 기준으로 학교장이 선발하는 방식.

법이 생각나서 1학년 부장 선생님께 중앙중 출신 학생 10명만 추천해 달라고 부탁드렸습니다. 그리고 추천받은 학생들을 빈 교실에 불러 모았습니다.

"선생님, 저희 왜 불렀어요?"
"응~ 너희가 졸업한 중앙중으로 나랑 우리 학교 홍보 나갈 수 있겠니? 사정이 있는 학생은 안 가도 된단다."
"가서 뭐 하는 건데요?"
"혹시 아는 은사님 계시면 인사드리고, 중앙중 3학년 10개 반 종례 시간에 들어가서 열심히 공부하는 후배들에게 1지망에 우리 학교 쓰라고 홍보하는 거야. 내가 중앙중 3학년 부장님께 미리 말씀드려서 허락받았단다."

속으로는 '안 간다는 학생이 많으면 어떡하지?'라고 걱정하면서 말을 이어 나갔습니다.

"근데 우선 너희가 우리 학교에 대해 어떻게 생각하는지가 중요하다. 너희 스스로 자긍심이 없다면 어떻게 후배들에게 우리 학교를 홍보할 수 있겠니. 가고 싶지 않은 학생은 안 가도 된단다."

그런데 기우였습니다. 안 가겠다는 아이들은 한 명도 없었고, 모두 흥분하며 대답합니다.

"아닌데요! 우리 학교 엄청 좋은데요!"
"뭐가 좋은데?"
"급식이 맛있어요."
"학교가 크고 건물이 예뻐요."
"좋은 선생님들이 많아요."
"무슨 특강 같은 거랑 프로그램도 많아요."

난리, 이런 난리도 없습니다. 대한민국에는 나라를 사랑하는 국뽕[14]들이 있다면, 이 교실은 학교를 사랑하는 교뽕[15]들의 향연으로 가득 차 있었습니다.

"좋아! 그럼, 내일 14시 30분까지 교복 단정하게 입고 본관 현관 앞에 모이거라. 우리 모두 함께 출발한다."

---

14 '국가+히로뽕'이 합쳐진 말. 자국만이 최고라고 여기는 행위나 사람을 의미함.
15 '국뽕'을 활용하여 작가가 만든 말. 자신의 학교를 너무 사랑하는 마음을 뜻함.

다음 날, 정확한 약속 시간에 10명의 정예 요원은 교복을 단정히 입고 모두 모였습니다. 현아는 더운 날씨임에도 땀을 삐질삐질 흘리며 긴팔 춘추복에 교복 재킷까지 걸치고 왔습니다.

"이렇게 더운데 넌 왜 춘추복을 입고 왔어?"
"우리 학교 교복이 얼마나 예쁜지 후배들에게 보여 주고 싶어서요. 전 춘추복이 제일 예쁘거든요."

또 가온이가 말합니다.

"선생님, 저는 우리 학교 입학하기 전에 우연히 〈연평해전〉이라는 영화를 보고 너무 감동 받아 많이 울었어요. 그런데 막상 입학하고 영화 주인공 박동혁님이 우리 학교 선배라는 사실을 알고 엄청 놀랐고 자랑스러웠어요. 그래서 이런 이야기도 후배들에게 해 줄 거예요."

중학교에 도착하자마자 학생들은 3학년 교무실로 득달같이 달려가 은사님들에게 반갑게 인사하며 우리 학교를 자랑하기 시작했습니다. 이윽고 종례 시간이 되었고, 각자 맡은 담당 학급으로 들어갔습니다. 저는 각 교실을 돌며 우리 아이들이 홍보하는 모습을 복도에서 바라보았습니다. 무슨 이야기를 하는지는 잘 들리지 않았습니다. 하지만 그들의 몸짓과 표정에서 정말 학교를 사랑하는 마음이 넘쳐나는 걸 느낄 수 있었습니다.

평준화가 되었다고, 이제 학생들도 옛날처럼 자긍심이 없을 거라고 생각했던 저는, 입가에 미소를 머금고 중학교 교문을 빠져나오면서 혼자 중얼거립니다.

"우리 학교에 고작 3년만 머물다 떠나는 너희들이, 30년을 머물다 떠나는 나보다 훨씬 낫구나."

장 교주 두 손 모음

> 학교 공간 안에서 벌어지는 다양한 순간들이 따뜻한 시선으로 담겨 있다. 아이들 한 명 한 명의 얼굴을 마주 보며, 잔잔한 애정으로 한 줄 한 줄 써 내려간 사랑의 연대기다.
>
> — 민태홍(교사)

성적 너머의 소중한 인연

\# 미담 릴레이 여덟 번째 이야기

1학년 어느 학급에서 있었던 일입니다.

유진이는 평소 세계 시민과 지구촌의 다양한 문제에 관심이 많은 학생입니다. 그래서 학급 자율활동 시간에 세계적으로 관심받고 있는 게임에 대해 발표하기로 마음먹고 열심히 준비하고 있었습니다. 인터넷을 통해 조사하기도 하고, 여러 자료를 찾다가 한 가지 기특한 생각을 하게 됩니다.

"내가 이렇게 혼자 고민할 게 아니라 이 게임을 만든 개발자에게 직접 물어봐서 정확한 정보를 얻는 게 좋겠다."

그리고 궁금했던 몇 가지 질문을 영어로 작성하여 게임 개발자에게 메일을 보냈습니다.

질문 1

"이 게임을 만드신 이유가 무엇인가요?"

질문 2

"보통 게임이라면 독특한 캐릭터를 만들게 되는데, 왜 이 게임에는 인물 캐릭터를 만들지 않으셨나요? 플레이어가 자신의 아바타를 이용하면 더 생동감이 있을 것 같은데요."

설마 했는데 얼마 후 놀랍게도 개발자에게 아래와 같은 답 메일이 왔습니다.

'질문 1'의 답변

"전 인도에서 의사를 하며 오랫동안 잘살고 있었는데, 어느 날 테러에 휘말려 납치를 당하게 되었어요. 그때 저를 납치했던 사람이 저에게 사회의 부조리한 것에 대해 많은 이야기를 했어요. 죽을 고비를 넘기고 운 좋게 살아나왔는데 그때 깨닫게 되었지요. 나 자신만을 위해 의사로 살기보다는 세계 시민 의식에 대한 교육에 헌신해야겠다고요. 그래서 이 게임도 만들게 되었답니다."

'질문 2'의 답변

"아주 좋은 질문이에요. 그런데 그렇게 하면 캐릭터의 피부색이나 머리색 때문에 아프리카 사람인지, 유럽 사람인지, 아시아 사람인지가 정해져 버립니다. 그러면 플레이어가 차별적 선입견을 가질 수 있기 때문에 글로만 체험하도록 설정한 거예요.

그런데 참 훌륭한 학생이네요. 제가 지금까지 전 세계를 돌아다니며 MOU[16]도 맺고 대학에서 강연도 했지만, 이런 질문을 메일로 보낸 학생은 처음이라 무척 놀랐습니다. 한국의 고등학생이라고 자기소개를 해 주셨는데 꼭 한 번 직접 만나보고 싶네요. 제가 한국의 고려대학교와도 MOU를 맺고 있어서 한국을 자주 가는데, 제가 가는 날 직접 만나 이야기를 나누어 보고 싶어요. 한국에 가면 연락할 테니 그때 꼭 만나요."

이 게임의 이름은 다름 아닌, 그 유명한 리얼라이브즈(RealLives)

---

16 Memorandum of Understanding의 약자로, '업무협약서'라고 하며, 두 개 이상의 당사자가 특정한 협력 사항에 대해 상호 간의 이해와 합의를 문서화한 합의서.

라는 시뮬레이션 게임이었고, 답변을 준 개발자는 인도의 파라그 만키카 박사[17]였던 것입니다. 메일을 주고받은 지 얼마 후, 만키카 박사님은 정말 약속대로 한국에 와서 유진이에게 연락했습니다. 그런데,

"유진 양, 제가 한국에 왔어요. 그때 약속대로 보고 싶은데 어디서 만날까요?"
"죄송해요. 제가 박사님을 만나지 못할 것 같아요."
"네? 아니 왜요?"
"이번 주 내내 기말고사 기간이거든요."
"엥? 나 인도에서 왔는데…."

소중한 인연도 만들 수 없게 만드는 대한민국의 내신 성적, 참 밉습니다. 하지만 유진이는 조만간 그분을 다시 만날 계획이랍니다. 이번엔 진짜로.

장 교주 두 손 모음

---

17 전직 인도 의사. 사회적 기업가.

교실 속에서 피어난 따뜻한 이야기들이 한 권의 책이 되어 우리를 미소 짓게 합니다. 아이들과 선생님이 함께 만든 이 진심의 기록은 교육의 아름다움을 다시금 깨닫게 합니다.

– 구연화(교사)

고3이 교복을 입고 매점에 간 이유
미담 릴레이 아홉 번째 이야기

12월 말, 교무실 오전 풍경입니다.

학년말이라 선생님들은 학교생활기록부를 마무리하기 위해 다들 너무 바빴습니다. 고요한 정적 속에 열심히 키보드 치는 소리만 교무실 공간을 가득 메우고 있었습니다. 그런데 갑자기 정적을 깨고 제 전화기가 울립니다. 교감 선생님에게서 걸려 온 전화였습니다.

"학생 부장님, 저한테 전화 오면 불안하시죠? 하하."

워낙 조용한 상태였기에 전화기 너머로 들려오는 교감 선생님의 목소리가 다른 선생님들에게까지 들려 모두 한바탕 웃었습니다.

평소 학생 부장인 저에게 좋은 소식보다 안 좋은 일로 더 많이 전화했다고 느끼셨나 봅니다.

"다름이 아니라 내가 너무 좋아서요. 아까 계단을 오르다가 생활복[18]도, 체육복도 아닌 정식 교복을 예쁘게 입고 있는 3학년 여학생들이 보였습니다. 3학년이 교복을 입고 다니는 이유를 물어보니 '이제 입을 날이 얼마 남지 않아서요.'라고 대답하더군요. 너무 예뻐서 칭찬하고, 함께 교복 입고 있던 4명의 친구까지 다 데리고 매점에서 먹을 것도 사 주었어요. 그러고도 흥분이 가라앉지 않아 이렇게 학생 부장님께 직접 미담 사례로 제보합니다."

학생이 학교에서 교복을 입는 것은 당연한 일인데, 왜 이렇게까지 기분이 좋았을까요? 3학년 말은 수업 분위기도 흐트러지고, 교복 착용도 소홀해지고, 교사와 학생 간의 유대도 느슨해진 지 오래입니다. 비단 우리 학교만의 문제는 아니겠지요. 그러다 보니 스스로 교복을 입고 다니는 학생들이 오히려 더 예쁘게 보이는 시대가 되었습니다. 더군다나 그 이유가 얼마 남지 않은 고교 생활을 소중

---

18 교복보다 활동하기 편하게 만든 학생용 복장.

히 간직하고 싶은 마음이라니요. 그렇기에 매점까지 데려갈 일이 되어 버렸네요.

 제가 교사 초임 시절에는 지각하거나 교복 규정을 조금이라도 어긴 학생은 교문에서 바로 적발되어 벌을 받았습니다. 수업 중에도 선생님의 꾸지람이 이어졌기에, 사복을 입고 등교할 만큼 대담한 학생은 거의 없었습니다.
 저는 우리 학교 학생들, 교복 입은 모습이 제일 예뻐 보입니다. 차를 몰고 가다 신호에 걸리면, 가끔 우리 학교 교복을 입은 학생이 눈에 띕니다. 그럴 때면 '어! 우리 학생이네.'라는 말이 절로 나오지요. 집이 멀면 차에 태워 주고 싶고, 아이스크림이라도 사 주고 싶은 마음이 듭니다. 선생님들도 그렇지 않나요?

 '혼날까 두려워 억지로 교복을 입는 대신, 학교를 사랑하는 마음과 자긍심으로 스스로 입게 할 수는 없을까?'

 학생 부장인 제 마음속에 늘 맴도는 바람입니다. 학교의 모든 학생이 이런 마음으로 교복을 입고 다녔으면 좋겠습니다. 그래서 매

달 복장 불량으로 열리는 생활교육위원회[19]도 사라지고, 생활지도 담당 업무를 맡고 계신 사공민아 선생님도 조금 편안해지셨으면 좋겠습니다.

진짜로 그렇게 되면,
그 많은 아이들, 교감 선생님처럼 매점에서 뭐라도 사 줘야 하니 제 돈도 꽤 많이 들겠네요.

장 교주 두 손 모음

> 늘 학교 소식에 귀 기울이던 장 선생님의 모습이 떠오릅니다. 시간이 흐르면 잊히기 쉬운 아름답고 즐거운 이야기들을 이 책은 마르지 않는 옹달샘처럼 따뜻하게 간직하고 있습니다. 책장을 펼치는 순간, 그때 그 교실의 웃음과 감동이 생생히 되살아납니다.
> — 사공민아(교사)

---

19 학생의 생활지도, 교칙 위반 사안의 처리, 학교 질서 유지 등을 담당하는 학교 내 공식 조직.

이름보다 오래 남는 선물
미담 릴레이 열 번째 이야기

수학여행을 무사히 잘 다녀왔습니다.

코로나가 끝나고 오랜만에 다시 가게 된 수학여행이고 더군다나 장소가 제주도이기에 학생들은 기대와 설렘으로 가득했지요. 선생님들도 학생이 즐거워할 것을 생각하며 열심히 준비했습니다. 특히 몇몇 기획 선생님의 노고가 이만저만이 아니었습니다. 현장 체험학습 활성화위원회[20] 자료 준비, 안전대책, 프로그램 일정, 동선 짜기 등 하나부터 열까지 챙겨야 할 것들이 정말 많았습니다. 귀찮고 힘든 과정이지만 학생들의 추억을 위해 열심히 준비하는 모습

---

20 학부모, 교사, 학생, 계약 담당자 등으로 구성되며, 프로그램 개발, 업체 심의, 현장 답사, 보험 등 체험학습 전반을 심의함.

이 감동이었습니다.

김포공항에서 비행기가 힘차게 활주로를 차고 올라 하늘로 날아가는 순간, 학생들의 입에서는 탄성이 나오기도 했지요. 제주공항에 도착하니 맑은 제주의 날씨와 벚꽃, 그리고 안전요원들이 우리를 반겨 주더군요. 성산일출봉 오르기, 카약 타기, 장기 자랑 등 학생들이 즐거워하는 모습을 보니 오랜만에 옛날 생각도 나서 저 또한 즐거웠습니다.

쏜살같이 2박 3일이 지나고 마지막 날, 제주공항까지 가는 버스 안에서 2학년 1반에 배속되었던 여자 안전요원은 갑자기 아이들에게 선물을 하나씩 나눠 주기 시작합니다.

"애들아, 난 요 몇 년 동안 코로나 때문에 수학여행이 없어져서 일이 없었어. 그전에는 많은 학교 학생을 인솔하고 안전 지도를 해 봤지만, 너희처럼 질서 있게 잘 따라와 준 학생들은 처음인 것 같아. 몇 시까지 모이라고 하면 모이고, 다른 학교는 아침마다 안전요원들이 학생들 깨우러 다니는 게 일이었는데 너희는 이미 일어나 있고. 어떤 여학생은 화장까지 완벽하게 하고 기다리는 모습이 감동이었어.

그리고 장기 자랑 시간도 어쩌면 저렇게 잘 준비해서 화끈하게 노는지. 오랜만에 다시 일을 하게 돼서 좋았는데 너희 같은 아이들을 인솔하게 된 건 선물 같은 일이야. 나에게 이런 선물을 안겨준 너희가 고마워서 나도 이렇게 동문시장에서 선물을 준비했단다."

그러고는 눈물을 흘리기 시작했습니다. 그러자 아이들도 따라 울었습니다.

옛날에는 우리 학생들을 데리고 체험활동이나 수학여행을 가면 이런 칭찬을 참 많이 들었던 것 같습니다. 그때는 당연한 건 줄만 알았는데, 지금은 왜 이렇게 고맙고 감사히 느껴지는지. 감기로 몸도 좋지 않은 상태였지만 참 마음 따뜻한 추억을 안고 돌아왔습니다. 교사는 학생이 공부 잘하는 모습도 좋아하지만 즐겁게 웃는 모습을 더 좋아하지 않을까요? 코로나 기간에는 이런 모습을 볼 수 없어 슬펐습니다.

이윽고 눈물바다로 얼룩진 버스가 제주공항에 도착했습니다. 이제 진짜 헤어지는 순간이 다가왔습니다. 헤어짐을 아쉬워하며 안전요원이 작별 인사를 하고 있었습니다. 그런데 공항으로 들어가던 남학생 한 명이 갑자기 안전요원 선생님 앞으로 되돌아옵니다.

그러고는 한마디 툭 물어봅니다.

"근데~ 선생님, 이름이 뭐예요?"
'헉?! 처음에 소개할 때 알려 줬는데….'

장 교주 두 손 모음

교단 위에서 흘리신 장 선생님의 땀방울은 별빛이 되어 수많은 제자들의 길을 밝혔습니다. 그 열정을 모두 담기에는 이 한 권의 책이 너무 작지만, 이제 훌쩍 자라 어느덧 그때의 선생님 나이가 되어 버린 제자들에게는 큰 선물이 될 겁니다.

— 이애리(11회 졸업, 수의사)

양치기 소년의 변명
#미담 릴레이 열한 번째 이야기

이솝 우화 양치기 소년을 아시나요? 12월 4일은 제가 양치기 소년이 된 것 같은 기분이었습니다.

학생들에게 뜻깊은 기억을 선사하기 위해, 고 박동혁 병장[21]을 추모하는 행사와 제2연평해전 승전 기념공연을 기획했습니다. 7월 18일에 거행하기로 관계 기관과 협의하고, 세세한 행사 일정부터 내외빈 동선, 공연 진행표 등 약 한 달간의 준비 과정을 마쳤습니다. 그런데 행사 이틀 전, 공연을 맡았던 해군 홍보대가 태풍으

---

21 본교 3회 졸업생. 제2연평해전에서 전사.

로 백령도에 고립되는 바람에 공연이 취소되었습니다. 기대하고 있던 학생과 교직원들도 실망이 컸습니다.

우여곡절 끝에 5개월 후인 12월 4일로 행사 날짜를 다시 잡을 수 있었습니다. 환상적이고 멋진 공연을 볼 생각으로 학생들은 또다시 기대에 벅차올랐습니다. 비밀리에 깜짝 이벤트도 준비했었지요.

그런데 이게 또 웬일입니까. 이번에는 공연 하루 전날 밤인 12월 3일 10시 28분경, 갑자기 대통령이 계엄을 선포하는 바람에 모든 군대가 비상대기로 전환되었습니다. 당연히 공연도 취소되고 말았죠. 교내에 공지했던 제가 두 번씩이나 거짓말한 꼴이 되었습니다.

12월 4일, 무거운 마음을 안고 학교에 출근했습니다. 허망하고 속상했습니다. 학생과 교직원분의 실망도 이만저만이 아니었습니다. 오전 내내 수업도, 업무도 손에 잡히지 않았습니다. 그러던 중 갑자기 교감 선생님에게 전화가 왔습니다.

"장 부장님, 지금 교장실에 박동혁 군 부모님이 찾아오셨어요. 오늘 예정되었던 행사에 참석하기 위해 어제 강원도에서 일부러 오셨는데, 그냥 돌아가기 뭐해서 인사차 오셨다네요."

행사 때 드리려고 준비해 두었던 손 편지와 따뜻한 생강차를 만들어 한걸음에 교장실로 달려갔습니다.

"아이고 선생님, 안녕하세요. 우리 아들을 위해서 행사 기획해 주셨는데 죄송하고 고맙습니다. 저희 부부가 오늘 행사 때 동혁이 주려고 국화를 좀 사 왔는데 그것만이라도 추모비 앞에 놓고 가려고 이렇게 왔습니다."

"아니요, 무슨 말씀을요. 제가 더 죄송하고 감사하죠. 두 번씩이나 행사가 취소되어서 참 속상해요. 이건 행사 때 외빈과 부모님께 드리려고 미리 준비했던 생강차인데 몸을 따뜻하게 해 준답니다. 드셔 보세요. 꼭 건강하셔야 합니다. 그리고 이건 동혁이를 생각하며 제가 쓴 손 편지입니다. 이렇게라도 전할 수 있어서 다행이에요.

그리고 아버님, 어머님. 제가 드릴 말씀이 있습니다. 1학년에 가온이라는 여학생이 있습니다. 그 아이는 역사 교사가 꿈이라 역사 관련 다큐나 영화를 참 좋아해요. 그런 가온이가 중3 겨울방학 때 〈연평해전〉이라는 영화를 보고 너무 감명받아 많이 울었답니다. 그리고 우리 학교 입학해서 생활하다가 우연히 복도에 걸려 있는 동혁이 추모 사진을 발견하고 너무 놀랐대요. 그토록 감동했던 영화 속 주인공 박동혁 상병이 바로 자기 선배라는 사실을 알고 너무너무 자랑스러웠답니다. 그래서 지난 7월 18일 추모식과 공연을 손꼽아 기다렸는데 취소되어 슬퍼했죠. 그런데 이번에도 또 취소돼서 제가 가온이를 어떻게 달래 줘야 할지 걱정이에요. 하지만 이렇게 동혁이를 잊지 않고 자랑스러워하는 후배들이 있다는 걸 알아주세요. 그러니 행사가 취소되었다고 너무 속상해하시지 않으셨으면 좋겠습니다."

부모님은 입가에 환한 미소를 띠며 말씀하셨습니다.

"죄송하지만 저희가 그 아이를 한 번 보고 갈 수 있을까요? 너무 고맙고 기특해서요."
"그럼요, 그렇고 말고요. 제가 지금 당장 교실로 가서 데리고 오겠습니다."

교실에 있던 가온이를 불러서 교장실로 가는 길에 자초지종을 얘기해 주었습니다.

"선생님, 정말요? 지금 박동혁 선배님 부모님 직접 만나는 거예요? 저 눈물 날 것 같아요~"

교장실에 들어서자마자 동혁이 어머님은 자리에서 벌떡 일어나 가온이에게 달려오셨습니다. 그리고 가온이를 꼭~ 끌어안고 등을 토닥이며 우시기 시작했습니다.

"가온아, 고맙다~ 고맙다~ 고맙다~"
"아니에요, 제가 감사해요. 저를 불러 주셔서."

가온이도 엉엉 울며 대답합니다. 교장실은 한동안 나지막한 울음소리만 가득했습니다. 이 광경을 지켜보는 저도 코끝이 찡해지고 마음이 먹먹해졌습니다.

가온이가 돌아간 후, 아버님은 양복 안주머니에서 봉투 하나를 꺼내 놓았습니다.

"교장 선생님, 이거 얼마 안 되지만 학교에 기부할까 합니다."
"아니, 시골 살림도 넉넉하지 않으실 텐데."
"아닙니다. 얼마 전 교사로 은퇴하신 어떤 선생님이 우연히 인터넷에서 동혁이에게 쓴 집사람 편지를 보고 너무 슬퍼 밤새 울었답니다. 그리고 저희를 수소문해서 이렇게 100만 원을 보내주셨어요. 꼭 우리 부부 건강 챙기는 데 쓰라고. 하지만 이건 저희 돈이 아닙니다. 동혁이 것이지요. 이렇게 후배를 위해 쓰는 것이 동혁이가 하늘에서 제일 바라는 것일 겁니다.

그리고 오늘 행사는 취소되었지만, 오히려 기쁩니다. 가온이 같은 예쁜 학생도 만나고, 장 선생님의 감동적인 편지도 받고, 따뜻한 생강차도 먹고. 장 선생님, 혹시 이 편지 남은 거 있으면 몇 통 더 주실 수 있나요? 연평해전재단에도 전하려고요. 이제 강원도로 돌아가는 길이 그리 슬프지만은 않을 것 같습니다. 너무 감사합니다."

인간사 새옹지마라 했던가요? 오전까지 속상했던 마음이 일순간에 사라졌습니다. 이런 상황은 생각하지도 못했는데, 오히려 행사가 취소되는 바람에 감동의 장면을 목격할 수 있었으니까요.

이틀 뒤, 가온이가 손 편지를 갖고 저를 찾아왔습니다.

"선생님, 그날은 너무 감정이 복받쳐서 하고 싶은 말을 다 못 했어요. 이 편지를 꼭 동혁 선배님 부모님께 전해 주실 수 있나요?"

그제, 저를 만나 주셔서 너무 감사했습니다. 제가 어떤 위로의 말씀을 드려야 할지 잘 모르겠지만 지금은 아버님, 어머님이 행복

한 날들을 보내셨으면 좋겠어요. 이제 동혁 선배님도 하늘의 밝은 별이 되어 웃고 있을 거예요.

먼 훗날 부모님이 아드님을 다시 만나면 고생했다고, 자랑스럽다고, 보고 싶었다고, 그리고 사랑한다고 꼭 안아 주세요. 저를 안아 주셨던 것처럼요.

제 꿈은 역사 교사입니다. 역사는 잊혀서는 안 된다고 생각합니다. 항상 기억하겠습니다. 후손들도 잊지 않도록 역사 교사가 되어 잘 전하겠습니다. 그리고 동혁 선배님의 후배로서 부끄럽지 않은 어른이 되겠습니다.

아래는 가온이 편지를 받고, 박동혁 군 아버지가 가온이에게 보내 준 답장 내용 전문입니다.

가온이에게.

고운 마음을 담은 가온이의 손 편지를 받고 이렇게 몇 자 적어 봅니다.

우리 부부는 편지를 읽어 내려가면서 많은 생각에 잠겼습니다. 가온이에게 어떻게 답장을 해야 할까? 요즘은 편지 대신 휴대전화 문자로 자기 생각을 전하지만, 글씨 몇 자로 우리 부부의 마음을 담기에는 부족할 것 같아 독수리 타법으로 한 자 한 자 적어 봅니다.

가온이를 처음 본 순간 '순박하고 흰 눈처럼 때 묻지 않은 맑은 아이구나.'라는 생각이 들었습니다. 역사 선생님이 꿈이라고 했지요? 꼭 그 꿈이 이루어지길 응원할게요.

동혁이는 마음이 참 고운 아들이었답니다. 취미가 우표 수집이었어요. 쉬는 날엔 나와 함께 낚시도 다니고, 고민을 털어놓고 의논도 하는 딸 같은 아들이었지요. 대학교에 다니면서도 아르바이트해서 번 돈으로 아빠, 엄마에게 영양제를 사 주던 아들. 지금도 많이 보고 싶고 그립네요.

2월 추운 날 진해 해군 훈련소에 데려다주고 오면서도 걱정하지 않았어요. 아들은 준비를 잘해서 입대했기 때문이죠. 입대 전에 집 앞 노적봉 산 한 바퀴를 돌고 웃으면서 집 현관문을 들어서던 아들. "동혁아, 왜 매일 산을 돌고 와?" 하고 물어보면, "군대 가서 달리기 하다 내가 뒤처지면 나 때문에 다른 사람들이 벌을 받잖아요." 양 발목에 5킬로짜리 모래주머니를 차고 말이지요. 지금도 아들 방에 그 모래주머니며 모아 둔 우표첩을 보면서 아들 얼굴을 떠올리곤 합니다. 군대에 가서도 봉급을 받아 후임들에게

과자를 다 사 준다기에 "왜 그러는데?" 하고 물으면, "해군은 원래 다~ 그래." 하던 아들.

아들을 그렇게 먼저 하늘로 보내고 우리 유족들은 지난달 처음으로 아들이 지켜냈던 연평도를 다녀왔답니다. 북한을 바라보고 떠 있는 참수리 접안시설을 보고, 안내 장교 설명으로 "저 섬이 북한 섬이고, 이쪽 섬이 우리 섬입니다."라는 설명을 듣고 눈물이 왈칵 쏟아졌습니다. 휴가 나왔을 때 북한 놈들이 욕을 하면서 지나가면 무섭다던 아들 말이 불현듯 떠올랐습니다. 얼마나 매일매일 긴장 속에서 살았을까. 참으로 비참한 현실을 눈으로 보면서 고생했을 아들 생각에 긴 한숨이 나왔습니다.

아들을 그렇게 보내고 슬퍼하던 어느 날 모교 선생님들, 학생회 대표들이 집을 방문해서 주머니를 털어 모은 돈으로 교정에 추모비 건립 소식을 알렸습니다. 그렇게 세워진 추모비 아래엔 입대 동기가 울면서 전해 주던 피가 덕지덕지 묻은 군번줄, 수술 중에 나온 5센티 길이의 포탄 파편, 대학 노트에 가득 써 놓은 시(詩) 중에 '바닷길'이라고 하는 시 한 편이 옹기에 담겨 있습니다. 아들의 영혼이 잠들어 있지요.

그 후로 우리 부부는 아들을 그리워하며 대전 현충원을 수없이 다녔어요. 동혁이 엄마는 실성한 사람으로 변해 가고. '이래서는 아내마저 잃어버리겠구나.'하는 생각이 뇌리를 스치면서 다른 방법을 찾아보던 중 '안산을 떠나야겠다. 그래야 아내를 살릴 수 있겠구나.'라는 생각이 들었습니다. 결국 공사 현장에서 쓰던 컨테이너를 사서 이곳 강원도 홍천으로 오게 됐지요. 컨테이너 속에서 7년 동안 사는 모습을 본 군수님의 도움으로 집을 짓고 산 지도 어느덧 13년이 지나고 있네요.

아들 목숨을 나라에 바치고 울면서 살아가는 부모의 심정을 누가 알아줄까요? 길을 가다가도 해군 옷을 입은 군인을 보면 아들인 것 같은 생각이 들어 다시 뒤돌아봅니다. 그리고 건강하게 군 생활을 마치고 집에 가라고 당부해서 보냅니다.

지금 시간이 새벽 1시쯤 되는 것 같네요. 계엄령 여파로 나라가 어수선해서 밤잠을 설치네요. 잠을 이루지 못하다가 가온이랑 얘기 나누려고 시작했고요. 장 선생님이 써 주신 '두 개의 대한민국'이란 제목의 편지글을 읽으면서 눈물이 앞을 가려 차마 끝까지 읽어 내려갈 수가 없었습니다.

가온이가 보내준 편지도 읽으면서 나에게는 비로소 세상을 아름답게 보는 눈이 생겼답니다. 고마워요. 역사 선생님이라는 가온이의 꿈, 꼭 이루어지길 다시 한번 더 응원합니다. 날씨가 찬데 따뜻한 옷 한 벌 사 입으라고 돈을 조금 동봉해서 보냅니다. 마음 여린 가온이, 누가 뭐라 해도 상처 받지 말고, 아프지 말고, 꿋꿋하게 살아가길 부탁합니다.

올 한 해도 거의 다 지나가고 있네요. 추위 잘 이겨 내고 파이팅.

한 해가 저물어 가는 추운 날 새벽에 강원도 홍천에서

동혁이 아빠가

언젠가 가온이가 정말로 역사 교사가 되면, 수업 시간에 자신이 경험한 이 이야기를 제자들에게 해 주겠죠? 그리고 대한민국을 위해 헌신한 수많은 영웅의 이야기도 전할 겁니다. 그러니 까짓 기념행사 두 번쯤 취소되어도, 제가 양치기 소년이 되어도 괜찮을 것 같습니다.

양치기 소년 장 교주 두 손 모음

선생님을 늘 존경하고 본받고 싶다는 마음으로 교직에 서게 되었고, 현재 중국어 교사로서 아이들을 가르치고 있습니다. 선생님의 학교 이야기는 제가 그랬던 것처럼, 많은 이들에게 큰 감동과 영감을 주리라 확신합니다.

– 남보람(6회 졸업, 교사)

선배님, 저 왔습니다

미담 릴레이 열두 번째 이야기

가끔 아이들을 보며 이런 느낌을 받을 때가 있습니다.

'도대체 저 녀석들의 머릿속에는 무슨 생각이 들어 있을까? 미래에 대해 진지하게 고민은 해 보는 걸까?'

그런데 겉에서 보기에는 아무 생각 없이 생활하는 것 같은데, 개인적으로 이야기를 나눠 보면 전혀 다른 얼굴을 마주하게 되는 순간이 있습니다.

3학년 진로 수업 시간의 일입니다.

학교생활기록부 진로활동 특기사항[22]을 좀 더 풍성하게 써주고 싶어 학생 한 명씩 불러서 개인 상담을 하고 있었습니다. 그날 제 앞에 앉은 학생은 3학년 8반 고경빈. 평소에는 장난기 많고 밝은 아이였지만, 이날은 유독 진지한 얼굴로 자신이 되고 싶은 꿈에 대해 말하더군요.

"저는 해군 UDT가 되고 싶습니다."

순간 저는 놀랐습니다. UDT는 강인한 체력, 치열한 훈련, 극한의 인내를 요구하는 특수부대이니까요. 단순한 장래 희망이라기엔 너무도 특별한 목표였습니다. 그래서 이유를 물어봤습니다.

"남을 도우며 국가에 헌신하는 일을 하고 싶어요."
"근데 왜 하필 해군이야?"
"우리 학교에 훌륭한 선배님이 계시잖아요. 제2연평해전 때 전사하신 박동혁 병장님이요. 내년에 해군 제복을 입고, 학교 교정에 있는 박동혁 병장님의 추모비 앞에 서서 경례하고 싶어요. 그날 사

---

22 학생의 진로 탐색 및 진로 관련 활동 내용을 교사가 기록하는 항목으로, 대학입시(학생부종합전형)에 중요한 자료로 활용됨.

진 찍어서 선생님께도 보내드릴게요."

그 말을 듣는 순간, 저는 가슴이 뭉클해졌습니다. 단순한 동경도, 누군가의 강요도 아닌 스스로의 다짐이자 선배에 대한 존경심이 담긴 진심이 느껴졌기 때문입니다. 그래서 제 노트북 속에 간직하고 있던 박동혁 부모님께 드린 편지 글을 보여 주었습니다. 말없이 읽고 있던 경빈이의 눈가가 이내 촉촉해졌습니다. 그래서 어깨를 토닥이며 말해 주었습니다.

"꼭 그렇게 되었으면 좋겠다. 그 멋진 사진, 기다리마."

모든 학생이 경빈이처럼 또렷한 꿈을 가지고 있는 것은 아닙니다. 사실 대부분의 학생은 아직 자신이 어떤 길을 걸어야 할지 확신이 없고, 어떤 아이는 꿈을 이야기하다가도 금세 바꾸기도 합니다.
저는 그 모습이 결코 나쁘다고 생각하지는 않습니다. 오히려 십대 시절부터 하나의 확고한 꿈만 붙잡는 것이 위험할 수도 있습니다. 그것은 때때로 다른 가능성의 문을 스스로 닫아 버리는 일이 되기 때문입니다. 마치 경주마가 눈 옆을 가린 차안대(遮眼帶)[23]를 쓰고 달리듯, 오직 한 방향만 바라보다가 정작 그 길이 자기와 맞지 않다는 사실을 깨닫는다면 어떨까요? 그 과정에 수많은 길이 마음을 두드렸을 텐데, 하나의 꿈에만 몰두하느라 그 노크 소리를 듣지 못했을지도 모릅니다. 그래서 저는 학생들에게 '지금, 이 순간의 꿈'이 최종 목적지가 아니어도 괜찮다고 말해 주고 싶습니다.

인생은 뷔페와도 같아서, 처음에는 여러 음식을 조금씩 맛보며 자기 입맛을 찾아가는 과정이 필요합니다. 그래야 두 번째 접시를 들고 자신이 정말 좋아하는 메뉴를 향해 당당히 걸어갈 수 있지요. 교사의 역할은 바로 그 경험의 장을 열어 주는 것, 아이들이 다양한 길을 맛보며 자기 안의 가능성을 발견하도록 돕는 것이라고 생각합니다.

인생도 마찬가지입니다. 우리는 종종 너무 일찍, 혹은 너무 단단히 한 길에 스스로를 가둡니다. 그러나 인생은 직선이 아니라 곡선이며, 선택은 종착지가 아니라 과정입니다. 지금 걷는 길이 전부가 아니어도 됩니다. 새로운 길을 만나면 발걸음을 돌려도 좋습니

---

23 양쪽 눈 뒷부분에 컵 모양의 가죽 또는 고무재질을 부착해 경주마의 좌우 시야를 차단해 앞만 보고 달리도록 하는 경마 장구.

다. 중요한 것은 하나의 길에 갇히지 않고, 자기 삶의 접시를 들고 용기 있게 시도해 보는 태도일 것입니다. 경빈이의 눈빛 속에서 저는 한 인간이 꿈을 향해 나아가는 숭고한 힘을 보았습니다. 그러나 동시에, 아직 꿈을 찾지 못해 나침반의 바늘처럼 흔들리는 이들에게도 말해 주고 싶습니다. 지금은 흔들려도 괜찮다고. 중요한 것은 방향이 아니라 태도라고 말입니다. 자기 삶을 용기 있게 음미한다면 언젠가 자신만의 길을 발견할 것이고, 그 길을 찾아가는 모든 경험이 결국 삶의 자산이 될 테니까요. 그것이 곧 자기답게 살아가는 길이며, 우리 모두가 꿈꾸는 낭만 아닐까요?

경빈이는 고등학교 3학년입니다. 그러나 그의 눈빛에는 이미 사명감이 투철한 군인의 기상이 담겨 있었습니다. 아직은 교복을 입고 있는 아이. 하지만 마음만큼은 이미 제복을 입고 있는지도 모르겠습니다. 선배의 삶을 기억하고, 그 길을 따라 걷겠다는 마음. 내년에 해군이 된 경빈이가 흰색 제복을 입고 추모비 앞에 서게 되면, 그날은 또 다른 감동의 역사로 기록될 것 같습니다.

햇살 내리쬐는 날, 학교 교정의 추모비 앞에서 곧게 선 대한민국 해군 특수전 전단(UDT) 고경빈은 거수경례를 하며 이렇게 속삭일 겁니다.

"필승! 선배님, 저 왔습니다."

필승! 장 교주 두 손 모음

사실 처음에는 이 학교를 지망하지 않았는데 배정되어 모든 게 부정적으로 보였습니다. 하지만 졸업을 앞두고 생각해 보니 저에게는 최고의 학교였던 것 같습니다. 훌륭하신 박동혁 선배님과 선생님을 만났으니까요. 약속을 반드시 지키겠습니다. 기다려 주십시오.
 － 고경빈(제자, 3학년 8반)

없어졌다고 없는 게 아닙니다

#미담 릴레이 열세 번째 이야기

"안녕하세요. 선생님, 오래간만이네요. 주말에 쉬시는데 죄송합니다. 안산시 자원봉사센터 김아름입니다. 다름이 아니라 귀교의 '배움나누미 봉사단' 활동이 중단된 것으로 되어 있던데. 없어진 게 맞나요?"

"네, 그렇습니다."

"아~ 10년 넘게 활동해 온 참 좋은 봉사단이었는데. 아쉽네요."

토요일이었습니다. 카페에서 동료 선생님과 커피를 마시고 있는데 갑자기 한 통의 전화를 받았습니다. 휴대폰 너머 아쉬움 가득한 목소리를 듣자, 마음 한편이 뭉클해졌습니다.

'배움나누미'

참 오랜만에 다시 들어보는 이름이었습니다. 우리 학교 학생들이 방과 후에 지역아동센터[24]에 있는 소외계층 아이들을 만나러 직접 발걸음을 옮기던 나눔의 시간들. 누군가는 공부를 가르쳤고, 누군가는 마음을 위로해 주었던 학생 봉사활동 단체였죠. 코로나로 인해 2019년을 마지막으로 해체되었습니다. 활동 당시, 전국 봉사활동 대회에서 표창도 꽤 많이 받았습니다. 교장실 벽과 장식장 안에는 지금도 많은 상장들이 빼곡히 진열되어 있답니다. 그 따뜻한 시간을 떠올리자 오래된 한 장면이 또렷이 되살아나, 이렇게 또 이야기를 쓰게 되었습니다.

그날도 유경이는 자신이 담당하고 있는 초등학생 민서를 만나러 지역아동센터에 갔습니다. 그런데 그날따라 민서의 표정이 좋지 않았습니다.

"민서야, 왜 그래? 무슨 일 있었어?"
"언니. 언니는 저를 버리지 않을 거죠?"

---

[24] 방과 후 돌봄이 필요한 아동들에게 안전한 보호 환경과 다양한 교육, 정서 지원 등 종합적인 복지 서비스를 제공하는 아동복지시설.

"갑자기 그게 무슨 말이야? 내가 널 왜 버려."

"사람들이 그래요. 제가 그룹홈[25]에서 생활하니까 불쌍하다고. 부모님에게도 버림받은 아이라고. 주변 아이들도 저를 무시하는 게 느껴져요. 언니는 저를 무시하지 않아서 너무 좋은데, 제가 말 안 들을 때도 많고, 공부도 열심히 안 하니까 혹시 언니도 절 버릴까 봐서요."

부모에게 버림받아 혼자 남겨진 아이는 스스로 자신을 무가치하게 여기는 자괴감과 다른 사람에게서도 버림받을지 모른다는 유기 불안을 떠안게 된다고 합니다. 사랑받을 자격이 있는 아이가 자신을 스스로 지워가고 있었습니다. 유경이는 가슴이 아팠습니다. 벌써부터 저런 마음으로 세상을 바라보는 어린아이의 눈이 너무 슬프고 안타까워 보였습니다. 그래서 민서의 손을 꼭 잡아 주며 말했습니다.

"나는 너를 절대 버리지 않아. 절대."

---

25 group home. 소규모 아동복지시설로 빈곤, 방임, 폭력 등의 학대, 가정해체, 부모사망 등으로 인하여 가정의 보호를 받을 수 없는 청소년들에게 돌봄을 통해 청소년의 성장을 지원하는 곳.

민서가 공부하기 싫다고 징징대면 놀아 주고, 함께 떡볶이도 먹고, 생일에는 선물도 챙겨 주는 등 친동생처럼 대해 주었지요. 그렇게 살가운 자매 사이는 유경이가 고등학교를 졸업한 이후에도 꽤 오랫동안 이어졌습니다.

그 후 몇 년이 지난 어느 날, 1학년을 대상으로 배움나누미 봉사단 선발 면접이 있는 날이었습니다. 배움나누미 팀장 학생들이 면접관을 하고, 맞은 편에는 지원한 1학년 학생 5명 정도가 나란히 앉아 있었습니다. 왼쪽에서 첫 번째 학생에게 면접관 학생이 질문합니다.

"학생은 왜 배움나누미에 지원하셨나요?"

"제가 초등학생 때 저에게 힘을 주셨던 언니가 있었습니다. 그 언니는 이 학교 배움나누미였습니다. 저는 가난하고, 부모님도 절 버리고 간 쓸모없는 아이라고 생각했습니다. 늘 친구들에게 무시당한다고 생각하거나 저를 떠날까 봐 두려워했습니다. 그때마다 언니는 그런 저를 진심으로 대해 주셨고, 제가 하찮은 아이가 아니라고 말해 주었습니다. 그 언니 때문에 희망을 갖게 되었습니다. 그래서 이다음에 언니가 다녔던 학교에 입학해서 배움나누미가 되고 싶다고 생각했습니다."

이젠 저를 부끄럽거나 슬프게 생각하지 않습니다. 저에게도 든든한 언니가 생겼으니까요. 배움나누미가 되어 저 같은 센터 아이들을 도와주고 싶습니다."

이쯤 되면 이 학생이 누군지 아시겠죠? 바로 민서입니다. 그 후로 저는 민서를 만난 적이 없습니다. 민서는 지금 어디서 무엇을 하고 있을까요?

교무실 제 자리에 있는 전화기가 울렸습니다.

"안녕하셨어요. 선생님, 저 14회 졸업생 임채환이라고 합니다. 다름이 아니라 제가 배움나누미 1기 출신이거든요. 그때 배움나누미 활동하면서 교사의 꿈을 키웠고, 어렵게 임용고시에 합격하여 현재 새솔고 수학 교사로 근무하고 있습니다. 지금도 후배들이 배움나누미 활동하고 있지요?"
"아니, 코로나 때 없어졌단다."
"헉! 그랬군요. 제가 요즘 저희 학교 근처에 있는 돌봄센터와 업무협약을 맺고 교육봉사반이라는 동아리를 만들어 활동하고 있습니다. 예전의 배움나누미처럼요. 그래서 혹시 선생님께 조언을 구하고 싶어서요. 선생님, 제가 그 배움나누미 이름을 이어받아도 괜찮을까요?"

한 달 간격으로 두 번의 전화를 받았고, 그때마다 배움나누미가 없어졌다고 대답했습니다. 그러나 이제는 더 이상 없다고 생각하지 않으려 합니다. 그 이름은 사라진 게 아니라 흩어져 피어난 것이라 믿고 싶습니다. 왜냐하면 배움나누미 출신 791명의 졸업생이 임채환과 민서처럼 현직 교사뿐만 아니라 지금도 어디선가 또 다른 민서를 만나고 있을 테니까요. 누군가는 교실에서, 누군가는 세상 한가운데서 여전히 사랑을 가르치고 배움을 나누며 살아가고 있을 테니까요.

장 교주 두 손 모음

언론에 소개된 배움나누미

학생 성장을 위해 늘 힘쓰신 장 선생님은 다양한 교육 프로그램을 만들어 학교에 큰 변화를 주셨습니다. 제가 학급에서 운영하던 플래닝 프로그램도 장 선생님의 안목 덕분에 학교 전체로 확장되었고, 지난 세월 많은 학생이 성장할 수 있었습니다. 이 책에는 그런 선생님의 발자취와 교육에 대한 따뜻한 시선이 담겨 있습니다. 존경하는 선배 교사로서 깊은 감사와 응원을 전합니다.

- 곽충훈(교사)

괜찮아, 우리가 함께하잖아
#미담 릴레이 열네 번째 이야기

"제가 만약 이 학교 교사였다면 명예퇴직 안 하고 몇 년 더 했을 겁니다. 이 학생들 정도면 정말 괜찮은 아이들이에요."

박상호 선생님과 운동을 마치고 저녁 식사하러 가는 중에, 갑자기 제게 건네신 말씀이었습니다. 박상호 선생님은 다른 학교에서 이미 명예퇴직 후 우리 학교에 기간제 교사로 오신 분이죠. 처음엔 그냥 예의상 던지는 말씀이려니 했습니다. 그런데 가만히 생각해 보니 다른 학교에서 근무하셨던 분들이 우리 학교에 오면 늘 비슷한 말씀을 해 주시곤 했습니다.

며칠 전, 1학년 3반 반장인 준형이가 조심스럽게 저에게 장문의 카톡을 보내 왔습니다.

"선생님, 이번 미담 릴레이에 꼭 소개하고 싶은 친구가 있어요."

그가 꺼낸 이름은 다름 아닌 부반장 의균이었습니다.

"늘 말보다 행동으로 움직이는 친구예요. 눈에 잘 띄지 않지만, 학급을 위해 누구보다 바쁘게 뛰어다녀요. 며칠 전, 반티[26] 선정 문제로 난감했을 때도 조용히 나서서 해결해 줬죠."

준형이는 의균이를 누구보다 든든한 친구라며 진심 어린 말로 소개하고 있었습니다. 그리고 마지막 부분에 친구에게 보내는 메시지도 잊지 않았죠.

"의균아, 네 덕분에 내가 더 당당하게 반장 역할을 해낼 수 있었어. 진심으로 고맙고, 앞으로도 둘이 함께 만들어 갈 우리 반의 모

---

26 '반 티셔츠'의 줄임말로, 학급에서 단체로 맞춰 입는 티셔츠를 의미함. 주로 체육대회나 학교 행사 때 학생들이 단합심을 드러내기 위해 제작함.

습이 정말 기대돼."

저도 모르게 고개가 끄덕여졌습니다. 그리고 의균이가 어떤 아이인지 궁금해졌습니다. 직접 만나보니 의균이는 음악을 하고 싶지만, 부모님의 반대로 잠시 꿈을 접고 지금은 학업에 성실히 매진 중인 학생이었습니다. 친구들에게도 인기가 많고, 학교 록밴드 동아리에서 기타 연주를 꾸준히 이어가고 있는 멋진 녀석이었습니다. 준형이의 카톡에는 이런 말도 쓰여 있더군요.

"제가 부족한 모습을 보일 때도 절대 앞에서 지적하지 않아요. 뒤에서 조용히 도와주고 늘 이렇게 말해요."
"괜찮아, 우리가 함께하잖아."

단순한 위로가 아니라 친구에 대한 믿음과 책임감이 담긴 말 아닐까요? 어쩌면 아이들이 우리 어른들보다 낫다고 생각할 때가 종종 있습니다.

"의균아, 너처럼 묵묵히 빛나는 사람이 진정한 리더란다. 그리고 그런 너를 진심으로 알아보고, 미담 사례로 마음을 전한 준형이,

두 사람의 우정이 앞으로도 오래도록 이어지길 바란다."

박상호 선생님의 말씀이 오늘따라 더욱 깊이 다가오는 하루였습니다.

장 교주 두 손 모음

힘든 고3 생활이었지만 항상 학생들에게 즐거운 추억을 만들어 주셨던 따뜻한 선생님이셨습니다. 이 책으로 그때의 기억을 다시 떠올리게 해 주셔서 감사합니다.

- 김태훈(6회 졸업, 중견기업 임원)

교육은 단 1%의 희망을 믿는 일
#미담 릴레이 열다섯 번째 이야기

"교육이란 인간의 행동을 바람직한 방향으로 변화시키는 것."

대학에서 처음 교육학개론을 배울 때 이렇게 배웠습니다. 저는 교사가 마치 전지전능한 존재인 것처럼 학생을 바람직한 방향으로 변화시킬 수 있다고 믿었습니다. 그래서 교사라는 직업은 신성하다고 생각했습니다. 젊었을 때까지는요. 하지만 세월이 흐른 지금은 오히려 이런 문장이 더 와 닿습니다.

"사람 안 바뀌어. 인간은 고쳐 쓰는 거 아니야."

왜일까요?

30년 동안 교단에서 수많은 학생들을 만났습니다. 성실하고 모범적인 학생도 있었지만 반대로 끊임없이 문제를 일으켜 교사를 지치게 만드는 학생도 많았습니다. 그들 가운데 정말로 '바람직한 변화'를 이룬 경우는 손에 꼽을 정도입니다. 그래서일까요. '사람은 쉽게 변하지 않는다.'라는 생각을 나도 모르게 진리처럼 여겨 온 것 같습니다. 그런데 올해 2학년이 된 현아가 제 믿음을 다시 흔들어 놓았습니다.

"요즘 현아, 달라지지 않았어요?"
"그러게요. 수업 태도도 좋아지고 지각도 잘 안 하더라고요."

교무실에서 흘러나오는 말에 저는 고개를 갸웃했습니다. 왜냐하면 작년까지만 해도 현아는 학교에서 가장 손꼽히는 문제아였기 때문입니다. 온몸에 문신, 흡연, 중학생 때부터 한 달씩 가출하는 건 다반사, 지각은 일상이었습니다. 그런데 그런 현아가 달라졌습니다. 처음엔 그저 일시적인 변화쯤으로 여겼습니다. 그러나 제가 현아 반에서 수업을 해 보니 그 말이 거짓이 아니었습니다. 분명 엎드려 자거나 화장에 열을 올릴 것 같았던 아이가 이제는 눈을 반

짝이며 설명을 듣고 교과서를 따라왔습니다. 보통 한 번 자리 잡은 습관은 쉽게 고쳐지지 않습니다. 하물며 문제 행동이 생활화된 학생이 달라진다는 것은 거의 기적에 가깝습니다.

지필평가 점수 확인 기간에 현아가 교무실로 저를 찾아왔습니다.

"선생님, 제 시험 점수가 생각보다 낮게 나왔어요. 혹시 답안지를 확인해 볼 수 있을까요?"

평소 성적에 관심 있는 모범생이라면 흔히 있는 상황이지만 제 마음을 크게 흔든 건 다른 것이었습니다. 현아가 자신의 성적에 이렇게 관심을 갖고 있다는 사실. 작년의 현아라면 상상도 할 수 없는 일이었습니다. 그냥 학교를 아무 문제 없이 다녀 주는 것만으로도 다행이라고 여겼을 테니까요. 얼마의 시간이 흐른 후 저는 현아를 불러 조심스럽게 물어보았습니다.

"현아야, 너 요즘 정말 많이 달라졌더라. 다른 선생님들도 다 알아보고 계셔. 무슨 일 있었니? 너를 변화시킨 게 뭘까 궁금하다."

"글쎄요~ 중학교 때부터 전 늘 가출을 밥 먹듯이 했고, 친구들이랑 어울려 노는 게 좋았어요. 그런데 작년 가을쯤에 문득 그런 생각이 들더라고요. '이대로 살다가는, 난 어른이 되어서도 똑같이 살겠구나. 저 친구들처럼 인생을 흘려 버리겠구나.' 그게 너무 싫었어요. 저는 좀 특별한 아이니까요. 정신 차려야겠다 싶었죠. 그래서 열심히 해 보자고 마음을 먹었어요."

그리고 한 마디 덧붙였습니다.

"또~ 사실, 선생님들이 저를 포기하지 않고 믿어 주셨잖아요. 늘 혼내시면서도, 끝까지 챙겨 주시고 칭찬해 주시고…. 그런 게 힘이 됐어요. 좋은 친구들도 있었고요. 그래서 학교가 좋아진 것 같아요."

작년까지 수없이 실망을 안겨주던 아이가 스스로 변화의 이유를 찾고, 선생님들의 관심을 마음속에 간직하고 있었다니. 교육이란 바로 이런 기적을 기다리는 일인지도 모르겠습니다.

"그럼, 너 스스로의 깨달음과 학교에서 받은 영향 중, 어느 쪽이 더 클까?"

"제 깨달음이 제일 크죠. 학교는 아주 조금?"

만약 현아가 "전부 학교 덕분이에요."라고 답했다면 저는 잠시 기뻐했다가 곧 실망했을지도 모릅니다. 교사가 듣기 좋은 말로 상황을 채웠을 테니까요. 하지만 그 솔직한 "아주 조금"이라는 대답이 제 마음을 크게 울렸습니다.

현아 같은 사례는 분명 교사에게 큰 보람을 줍니다. 문제아도 변할 수 있다는 희망을 심어주니까요. 하지만 현실은 냉혹합니다. 대부분의 문제 학생은 끝내 변화하지 못하고, 그 과정에서 교사와 다른 학생들에게 큰 상처를 남기고 가지요. 한 명의 문제아를 포기하지 않고 품는 일은 교사에게 엄청난 에너지를 요구합니다. 그리고 그 에너지가 쏠리다 보면 오히려 조용히 성실하게 생활하는 선량한 학생들에게 돌아갈 관심이 줄어듭니다. 저는 늘 이 지점에서 갈등합니다.

'과연 나는 어디까지 품어야 하는가? 문제 학생을 끝까지 끌어안는 것이 옳은 일일까? 아니면 다수의 학생을 위해 어느 정도 선을 그어야 할까?'

분명 우리 현아는 달라졌습니다. 교사의 눈에 그런 아이는 눈부시게 예쁘고, 대견하며 무엇보다 소중합니다. 현아를 바라보며 제 마음도 다시금 흔들립니다. 현아 같은 변화가 단 한 명이라도 존재한다면, 교육은 여전히 포기할 수 없는 길 아닐까. 교육은 학생이 스스로 깨닫도록 돕는 과정이어야 한다는 것을 새삼 느낍니다. 그래서 저는 제 수업 시간 중 일부를 할애해 철학, 심리학 등 다양한 주제의 이야기를 학생들에게 자주 들려주고 싶습니다.

사회가 급속히 디지털과 인공지능의 시대로 나아가고 있지만, 오히려 그럴수록 학교는 인간의 삶을 성찰하고 관계와 자존감을 회복하는 공간이 되어야 하지 않을까요? '이불변응만변(以不變應萬變)[27]'이라는 말처럼, 그런 교육이 이루어질 때 학생들은 예측할 수 없는 미래 속에서도 스스로 능동적으로 대응할 힘을 기를 수 있습니다. 그 힘은 설령 잘못된 길을 걷더라도 다시 깨닫고 돌아올 수 있는 내적 자산이 되어 줄 것이라 믿습니다. 현아처럼요.

하지만 동시에 깨닫습니다. 교사의 시간과 마음은 무한하지 않다는 사실을요. 그 모순과 딜레마 속에서 저는 오늘도 교단에 섭니다. 그리고 저에게 다시 묻습니다.

---

27 변하지 않는 가치로 만 가지 변화에 능동적으로 대응한다.

'교육이란 과연 무엇일까?'

그리고 제 나름의 답을 정리해 봅니다.

'교육이란 인간은 잘 바뀌지 않는다는 것을 알면서도, 단 1%의 헛된 희망을 품고 학생 스스로 변화할 때까지 곁에서 버티며 도와주는 것.'

비단 학교에서의 교육만이 아니라, 가정에서 자녀를 키울 때도 마찬가지입니다. 부모 역시 아이가 스스로 깨닫고 성장할 때까지 곁에서 믿어 주고 버티는 인내가 필요한 것 같습니다. 여러분은 어떻게 생각하시나요?

아마 요즘, 현아의 부모님은 변화된 딸을 보며 우리 교사들보다 몇 배는 더 행복하실 것 같습니다.

장 교주 두 손 모음

이 책에 담긴 사람과 사람이 만나 빚어낸 수십 편의 이야기들을 통해 모두가 '전문가'답게 너무나 잘 알고 있다고 생각했지만, 실은 아무것도 모르고 있던 곳이 학교였다는 생각을 할 수 있었으면 좋겠다. 그리고 빛나지는 않지만, 자랑스럽게 내세울 것도 없지만, 가까이 봤을 때의 삶마저 희극이기를 바라며 순간을 살아 내는 이들의 분투도 함께 읽어 낼 수 있었으면 좋겠다.

— 권용해(교사)

당신에게도 학창 시절, 추억을 함께한 친구가 있지 않나요? 그 이름을 떠올리는 것만으로도 입가에 미소가 번지는, 그런 소중했던 친구. 지금 이 순간, 마음속에 떠오르는 이름을 여기 적어 보세요. 신기하게도 조만간 그 친구에게 연락이 올지도 모릅니다.

2장
선생님, 우리 함께 걸어요

학생과 교사가 함께 걷고 함께 자란 시간

왕자님과의 약속이 남긴 울림

#미담 릴레이 열여섯 번째 이야기

위탁교육[28]이라는 걸 아시나요? 사실 그동안 저는 위탁교육을 받는 학생들에 대해 선입견을 갖고 있었습니다.

'공부를 못하는 학생일 거야. 그래, 차라리 공부 못하는 학생은 나가서 기술이라도 배우는 게 좋아. 학교에 있어 봐야 속만 썩일 테고.'

이런 식으로 말입니다. 참 못난 생각이죠. 그런데 교직 생활을

---

28 고등학교 과정을 학교가 아닌 직업 교육기관에서 이수하는 프로그램.

하다 보니 다 그런 건 아니더군요. 어쩌면 차라리 자신의 꿈을 펼치기 위해 위탁교육 나가는 학생이, 학교에서 수업 시간마다 엎드려 자는 녀석들보다는 훨씬 낫다는 생각이 듭니다.

예전에 '황제아파트'라는 곳에 살았던 적이 있어서, 자칭 '민 왕자'라고 부르는 국어 선생님이 계십니다. 3학년 담임을 맡고 있는 이분은 학기 초, 헤어디자이너 분야로 위탁교육 나가는 학생에게 약속 하나를 받게 됩니다.

"선생님, 비록 저는 학교에서 생활하지 않지만 위탁 나가서 열심히 배우겠습니다. 그래서 나중에 왕자님의 그 더벅머리 제가 꼭 다듬어 드릴게요. 제가 언젠가 미용계에서 아주 유명한 헤어디자이너가 되면 선생님은 위대한 헤어디자이너인 저의 첫 번째 공식 1호 손님이 되는 영광을 안게 되시는 거죠.^^"

민 왕자 선생님은 마음이 따뜻해지고 기뻤습니다. 나중에 이 학생이 정말로 약속을 지킬지 안 지킬지 확신할 수는 없지만 이렇게 말해 주는 그 자체가 대견했기 때문이지요. 민 왕자 선생님은 더

벅머리에 늘 빈둥거리며 농담만 일삼는 한량[29]처럼 보이지만, 사실은 학생을 사랑하고 어린아이처럼 순수한 마음을 가진 '시인(詩人)'이거든요. 매 국어 수업 시작 전, 학생들에게 시 한 편을 읽어 주는 낭만적인 습관도 갖고 계시죠.

그 후로 시간이 흘러 12월 말이 되었습니다. 이날 그 학생이 학교로 찾아왔습니다. 학기 초에 했던 약속을 까맣게 잊고 있던 선생님은 놀라지 않을 수 없었습니다.

"선생님, 제가 했던 약속 기억하세요?"

갑자기 교실에서 자기가 바리바리 준비해서 가져온 미용 도구들을 하나씩 꺼내기 시작했습니다. 그리고 약속한 대로 선생님의 머리를 정성껏 다듬어 드리기 시작했습니다. 교실은 일순간 멋지고 아름다운 미용실로 변해 있었습니다.

"그새 흰머리가 더 느신 것 같네요. 선생님, 저 약속대로 열심히 배웠습니다. 미용사 자격증도 땄고요. 실력을 인정받아 유명 미용

---

29 특별한 직업 없이 놀고먹는 사람.

실에 취직도 한 상태라 졸업식에는 참석 못 할 것 같아요. 그래서 오늘이 학교 오는 마지막 날입니다. 왕자님과의 약속을 지킬 수 있어서 좋아요. 그동안 감사했습니다."

 공부를 잘하는 학생과, 그렇지 못한 학생의 차이는 과연 무엇일까요? 성적이 좋은 것은 단순히 열심히 공부했기 때문이고, 못하는 것은 게으르기 때문일까요? 그렇다면 열심히 하는 학생은 왜 그렇게 애쓰며, 그렇지 못한 학생은 왜 멈추고 마는 걸까요? 높은 성적이 곧 인생의 성공을, 낮은 성적이 곧 뒤처짐을 의미하는 걸까요?
 지금까지 늘 마음속에 품었던 질문입니다. 분명 성적은 타고난 머리와 노력의 정도에 따라 달라질 수 있습니다. 실제로 성적이 좋았던 학생이 이후 행복하고 성공적인 삶을 살아가는 모습을 보이는 것도 사실이지요. 하지만 세월이 흐른 뒤 사회에서 만난 제자들을 보면, 진정한 차이를 만드는 것은 머리의 좋고 나쁨이 아니라 태도와 마음가짐이라는 사실을 깨닫게 됩니다. 그래서 저는 학생들에게 이런 '삶을 대하는 태도와 마음'을 길러 주고 싶습니다. 그러기 위해서 아주 작은 것이라도 아이들이 성취의 경험을 많이 할 수 있도록 도와주고 싶습니다.

사회에 나가서도 마찬가지입니다. 공부는 학교를 졸업한다고 끝나는 것이 아니지요. 인생은 또 다른 공부의 연속이니까요. 그 길 앞에 선 이들이 어떤 태도로 배우고, 어떤 마음으로 견뎌내느냐가 결국 그들의 삶을 빛나게 합니다. 긍정의 눈빛으로 배우려는 마음, 어려움 앞에서 도망치지 않고 맞서려는 태도, 그리고 자신이 좋아하는 일을 향한 끝없는 열정. 바로 그것이 진정한 성공과 행복의 열쇠임을 수많은 제자가 보여 주었습니다. 민 왕자 선생님과 약속을 지킨 그 학생처럼 말이지요.

 학교 성적은 평범했을지 몰라도 자기 길을 찾아 묵묵히 노력하고, 결국 약속까지 지켜낸 그 마음이야말로 인생에서 가장 값진 배움 아닐까요? 민 왕자 선생님의 머리를 정성껏 다듬던 그 학생의 손끝에는 단순한 기술이 아니라 약속을 지키려는 '마음'과 자기 길을 찾아 열심히 걸어온 '태도'가 묻어 있었습니다.

 민 왕자 선생님은 머리를 온전히 학생에게 맡기고, 몸에는 하얀 보자기를 두른 채 아무 말이 없었습니다. 고마움과 감동으로 떨리는 마음을 들킬까 봐.

 한동안 말을 잇지 못하던 선생님은 감정을 가다듬고 평소처럼 익살스러운 목소리로 이렇게 말씀하셨죠.

"예쁘게 깎지 못하기만 해 봐. 확 그냥!"

장 교주 두 손 모음

스승의 따스한 손길 아래 학생들이 성장하고 꿈을 찾아가는 이야기는 따뜻한 인간미를 담고 있습니다. 30년 사제의 정이 오롯이 담긴 이 책은 읽는 이에게 깊은 웃음과 감동을, 그리고 삶의 소중한 가치를 선사합니다.

— 한민호(교사)

다시 칠판을 향해 돌려놓은 책상

\# 미담 릴레이 열일곱 번째 이야기

　이승은 선생님은 평소 학생이나 동료 교사에게 인자하고 어질게 대하는 여선생님입니다. 그런데 그런 선생님에게 김수아라는 여학생이 어느 날 심하게 대들었습니다. 선생님도 너무 화가 나서 많이 혼내셨던 모양입니다. 그러자 수아는 이승은 선생님 수업 시간마다 일부러 책상을 돌려놓고 교실 뒤를 향해 앉아 수업을 들었다고 합니다.

　선생님은 그 반 수업을 들어갈 때마다 속이 많이 상했습니다. 저라도 그랬을 겁니다. 아마 수업 자체를 들어가기 싫었을지도 모릅니다. 칠판 앞에 서면 학생들의 얼굴보다 먼저 보이는 건 단단하게 닫힌 마음 하나와 수아의 뒷모습이었습니다. 마주 보지 않는 눈,

흩어진 집중, 날카로운 말투. 처음엔 자존심도 상하고, 수업을 방해받는 느낌에 화가 치밀어 오르기도 했습니다. 하지만 어느 순간, 그 자리에 너무 익숙해지고 만 자신을 보았습니다. 마치 풍경처럼, 바꿔 보려다 지친 마음이 결국 그냥 두고 말았던 겁니다.

그렇게 시간이 흘렀습니다. 수아는 말 한마디 없이 졸업했습니다. 다른 아이들도 졸업했고, 또 새로운 얼굴들이 들어왔지요. 교실은 변했고 교무실도 낯설게 정리되었습니다. 선생님의 마음도 낯선 교무실처럼 정리되어 갔습니다. 그래야 다시 수업을 재미있게 할 수 있으니까요. 그리고 몇 년이 흘렀습니다.

어느 비 오는 오후, 교무실 문이 열립니다. 낯선 아가씨가 머뭇머뭇 안으로 들어옵니다. 조금 젖은 머리카락, 손에 들린 작은 꽃다발. 이승은 선생님은 처음엔 알아보지 못했습니다.

"선생님, 저 기억하세요?"

그제야 떠올랐습니다. 그 책상, 그 뒷모습, 그 긴 머리. 수아였습니다.

"그때는 왜 그랬는지 모든 게 불만스럽기만 했어요. 선생님께 버릇 없이 굴었던 거, 지금도 생각하면 너무 부끄러워요. 정말 죄송합니다."

말끝이 떨렸습니다.
이승은 선생님은 한동안 아무 말도 하지 못하고 그저 고개만 끄덕였습니다. 오래전 마음속에 들어앉아 있던 뿌연 그림자 하나가 조용히 자리를 떠나는 느낌이었습니다. 수아가 꽃다발을 내밀며 말합니다.

"늦었지만, 그때 못 드렸던 인사예요."

선생님은 그 꽃을 받으며 웃었습니다. 다시 선생님을 향해 돌려놓은 책상에 앉은 마음 하나. 비로소 서로를 마주 보기 시작한 순간이었습니다.
그날 이후, 교실 문을 열고 들어가는 선생님의 발걸음은 조금 더 가벼워졌을 겁니다. 지금도 여전히 등 돌린 마음들이 있고, 고개를 숙인 아이들이 있지만 언젠가 그들도 돌아올 수 있을 거라는 믿음이 생겼을지도 모릅니다. 책상은 결국 칠판을 향하기 마련이라는 걸 선생님은 이제 알고 계시니까요.

요즘 소위 버릇없는 학생들 때문에 많이 힘들어하시는 동료 선생님들의 모습을 자주 봅니다.

"예전에는 이렇지 않았는데…."

이런 이야기가 종종 들리기도 합니다. 우리를 힘들게 하는 학생 중에, 단 몇 명이라도 뒤돌아 있던 마음의 책상을 다시 앞으로 돌려놓기 위해 은사님을 찾아오는 날이 올 거라 믿어 봅니다. 그래야 저도 이승은 선생님처럼 교실로 가는 발걸음이 조금은 가벼워질 것 같습니다.

수아와 선생님의 이야기를 하다 보니, 제가 마주했던 일들이 떠오르네요.

살다 보면 누군가 나에 대해 나쁜 이야기를 하고 다닌다는 소문을 들을 때가 있습니다. 그럴 때 우리는 본능적으로 그 사람을 미워하거나 피하려 하지만, 오히려 직접 만나 품격 있게 물어보면 의외로 사실과 다른 경우가 많았습니다. 작은 오해가 확대되어 잘못 전해진 이야기일 수도 있고, 무심코 한 말이 전달되는 과정에서 과장되었을 수도 있습니다.

또 한 가지 생각해 볼 점은 나쁜 소문을 나에게 전해 주는 그 사람에 대한 성찰입니다. 가까운 사람일수록 때로는 가장 큰 상처를 주기도 하니까요. 그래서 이제는 '내게 나쁜 말을 전해 주는 이 사람이 정말 나를 위해 하는 걸까?'라고 생각해 봅니다. 그리고 내가 누군가에게 미안한 마음이 들 때는 미루지 말고 용기 내어 직접 만나 보는 것이 좋습니다. 꽃을 들고 찾아온 수아처럼요. 그 순간의 불편함을 감수해야 비로소 마음의 책상이 앞으로 돌려지기 때문입니다.

경험해 보니 관계는 기다린다고 저절로 회복되지 않더군요. 오히려 더 소원해지지요. 싫은 사람이라면 굳이 애쓸 필요는 없습니다. 하지만 꼭 회복하고 싶은 관계라면 먼저 다가가 말을 걸고, 오해를 풀고, 미안함을 표현하는 순간이 필요합니다. 결국 진정한 용서는 '먼저 다가가는 용기'에서 비롯되는 것 같습니다.

장 교주 두 손 모음

고등학교 3년 동안 제일 힘들다고 하는 고3 시절이지만, 그때 담임 선생님으로 만난 것이 제 기억에는 가장 행복한 시간이었습니다. 이 글을 읽으며 20년 전의 학생 시절로 다시 돌아간 것 같은 느낌을 받았습니다. 선생님의 두 번째 출간을 진심으로 축하드립니다.

— 이경재(9회 졸업, 공무원)

배지(badge)는 사랑을 싣고
\# 미담 릴레이 열여덟 번째 이야기

아주 오래전 스승의 날이었습니다.

여느 때와 마찬가지로 전교생이 운동장에 서 있고, 선생님들은 관람석 앞에 늘어서서 행사를 진행하고 있었습니다. 그런데 당시 교생[30]으로 와 있던 졸업생 한 명이 조용히 운동장 중앙 단상으로 걸어 나가더니, 떨리는 목소리로 편지를 읽기 시작했습니다.

권용해 선생님께.

안녕하세요, 선생님. 이렇게 오랜만에 선생님께 편지를 쓰려고

---

30 교육실습생의 준말. 실제 교사 체험을 위하여 4주간 일선 학교에 나가 실습하는 학생.

하니 쑥스럽기도 하고 옛날 생각도 나고 감회가 새롭네요.

6년 전 제가 고등학교 2학년 때 일입니다. 선생님이 저의 담임이셨죠. 그때는 신입생 입학식 날 선배님들이 달아 주신 학교 배지를 교복에 달고 다녀야 했지요. 만약 배지를 안 달고 등교하면 교문지도 하시는 선생님에게 지적받고, 그 명단이 매일 담임 선생님께 통보되었습니다. 담임 선생님들은 아침부터 날아온 자기 반 학생들의 복장 불량 명단에 잔뜩 화가 나셔서 조회 시간에 꾸중으로 하루를 시작하기 일쑤였습니다. 그런데 다른 반 친구들은 매일 혼나는데, 이상하게도 우리 반은 혼나지 않았습니다. 선생님도 화가 나셨을 법한데요. 사실 저도 꽤 많이 걸렸었거든요.^^ 그러던 어느 월요일 아침이었습니다. 등교해 보니 우리 반 45명 모두의 책상 위에 배지와 편지가 놓여 있었습니다. 편지 내용은 〈함께 가자, 우리 이 길을〉이란 노래의 가사였습니다. 그리고 이렇게 말씀하셨죠.

"얘들아, 아침 등교할 때부터 복장지도 받느라 많이 힘들지? 짜증도 나고. 나도 마찬가지란다. 왜 우리 학생들이 이런 것 때문에 아침부터 교문에서 꾸중을 들어야 하는지. 매일 받는 복장 불량 학생 명단을 보며 이 학생들 혼내주라는 통보 같아서 마음도 불편하고.

하지만 우리 이렇게 생각하자. 사회는 법이 있고, 오랜 시간 서로 지켜왔던 관습이란 것도 있지 않니? 내가 조금 불편하고 이해가 안 되는 것이 있다고 해도 그것이 불의나 남에게 피해를 주는 것이 아닌 이상 지켜주는 것도 슬기로운 시민의 품격이란다.

난 너희들이 배지를 달기 싫어한다고는 생각하지 않아. 아마 망가졌거나 잃어버렸기 때문이겠지. 복장 불량에 안 걸리려고 억지로 달기보다, 너희가 그토록 합격하고 싶어 했던 학교니까 자긍심으로 달고 다닌다면 더 멋질 것 같다."

그때는 선생님께서 45명 모두에게 배지를 사 주셨다는 사실만으로 반 친구들과 감동했습니다. 그 후 6년의 세월이 흘러 제가 교생이 되어 돌아와 보니, 그때 선생님의 제자에 대한 사랑이 얼마나 크셨는지 새삼 깨닫게 됩니다. 혼내고 다그치기보다 학생의 입장에서 생각해 주시고 이해시켜 주신 선생님의 가르침을 저 또한 마음 깊이 새기며 앞으로 선생님 같은 교사가 되기 위해 노력하겠습니다.

선생님 감사합니다. 사랑합니다. 그리고 존경합니다.

제자 김민지 올림.

예전엔 학교 배지와 명찰을 교복에 달고 다녀야 하는 시절이 있었습니다. 그런데 언제부터인가 학교 로고가 교복 자체에 부착되어 나오다 보니 배지 관련 복장 불량이 단번에 사라졌습니다. 이렇게 생각의 전환으로 쉽게 해결될 것을.

요즘은 사복이나 슬리퍼, 크록스 등으로 매일 학생부에 복장 불량 명단이 날아옵니다. 이것 때문에 매월 생활교육위원회가 열려 징계도 하지요. 때론 복장 문제로 학생과 선생님이 갈등을 겪기도 합니다. 이번엔 어떤 생각의 전환으로 한 방에 해결해야 할지 늘 고민입니다. 그래도 그 당시 복장 불량 많이 걸렸던 한 학생이 훌륭히 성장하여 교생으로 다시 돌아와 편지를 읽어준 게 참 고맙고 대견합니다. 이날 권용해 선생님은 너무 행복하셨을 것 같습니다. 선배 교사로서 부럽고 존경합니다.

오랜 시간이 흐른 지금, 다시 권용해 선생님께 물어보았습니다.

"용해 쌤, 그 후로는 아이들이 배지를 열심히 달고 다녀서 교문 지도에 걸리는 명단이 확 줄었겠는데?"
"하하, 아니요. 그 후로도 계~속 많이 걸렸습니다."

마흔다섯 개의 배지는 다 어디로 간 걸까요?

장 교주 두 손 모음

> 방황하기 쉬운 시절, 늘 곁에서 길을 밝혀 주신 스승님께 감사의 마음을 전합니다. 선생님께 배운 가르침은 시간이 흘러도 변치 않는 삶의 지혜가 되어 제 안에 살아 있습니다.
>
> — 서재화(3회 졸업, 간호사)

한 사람을 위한 엘리베이터

#미담 릴레이 열아홉 번째 이야기

"경기도 안산에는 A고등학교가 있습니다.

단 1명의 장애인을 위하여 멀쩡한 벽을 부수고, 구멍을 뚫었습니다.

예산 문제와 시끄러운 공사 소리의 불편함을 감수하고,

기꺼이 한 사람을 위해 엘리베이터를…."

SK텔레콤 '대한민국을 새롭게 하는 힘' 공익광고는 이렇게 시작하고 있었습니다.

22년 전, 김수연이라는 여학생이 입학했습니다. 수연이는 휠체어가 없으면 전혀 이동할 수 없는 중증 장애인이었죠. 우리 학교에 수연이와 같은 학생이 입학한 건 처음이었습니다. 당시에는 엘리베이터가 없었기에 수연이가 교실을 가려면 한 사람은 수연이를 업고, 다른 한 사람은 휠체어를 들고 계단을 올라가야 하는 상황이었습니다. 늘 두 명의 친구가 도와줘야 했습니다.

선생님들은 고민에 빠졌습니다. 보통 이런 경우, 학교 측에서는 수연이의 학교생활이 어렵다고 판단해 특수학교[31] 진학을 권하기 마련입니다. 하지만 그렇게 하지 않았습니다. 수연이의 입학을 허가했을 뿐 아니라 그 학생이 자유롭게 오르내릴 수 있도록 엘리베이터 설치를 결정한 겁니다. 그 덕에 수연이 부모님은 수연이가 일반고에 다닐 수 있게 되어 매우 기뻐하셨습니다. 무엇보다 수연이가 일반고에 다니고 싶어 했으니까요.

이내 행정실에서는 예산 문제를 해결해 주셨고, 얼마 후 공사가 시작되었습니다. 멀쩡한 벽을 드릴로 뚫고 부수는 시끄러운 공사 소리가 한 달 내내 이어졌음에도 불구하고 누구 하나 민원을 제기하는 일은 없었습니다. 모두 수연이를 위한 것이라고 알고 있었기 때문입니다. 결국 엘리베이터가 완성되어 수연이는 1층에서 5

---

31 신체, 지능에 장애가 있는 아동 및 청소년에게 특별한 교육을 하는 학교.

층까지 누구의 도움 없이도 이동할 수 있었습니다. 그리고 그때는 오직 수연이만 엘리베이터를 탈 수 있었고 다른 학생들은 이용하지 못했습니다. 그래도 투덜대거나 민원을 제기하지 않았지요. 이 사연이 알려지면서, 당시 화제가 되었던 SK텔레콤 '대한민국을 새롭게 하는 힘' 공익광고 시리즈 중 하나로 '한 사람을 위한 엘리베이터' 편이 제작되었던 것입니다. 지금 우리가 사용하고 있는 본관 엘리베이터의 시작은 바로 이러했습니다.

왜 대기업은 이 단순한 학교 이야기를 굳이 광고로 만들었을까요? 한 사람을 위해 기꺼이 불편을 감수하고, 벽을 허물고, 예산을 쏟아부었던 그 마음은 우리 사회가 지향해야 할 삶의 태도를 상징하는 것 아닐까요?

우리는 흔히 '많은 사람을 위해서'라는 명분 앞에 '단 한 사람'을 잊어버리곤 합니다. 하지만 역설적으로 세상을 바꾸는 힘은 바로 그 한 사람을 향한 시선에서 시작되기도 합니다. 누군가의 삶을 가볍게 여기지 않고, 불필요한 존재로 치부하지 않으며, 그 사람이 온전히 자기답게 살아가도록 돕는 일. 그것이 결국 우리 모두를 더 인간답게 만드는 길입니다.

그랬던 엘리베이터가 22년간의 임무를 마치고 이제 곧 장렬하게 사라진다고 합니다. 올해 겨울 방학에 엘리베이터 전면 교체 공사가 이루어지거든요. 새 엘리베이터는 학교 뒷산을 바라보며 올라갈 수 있도록 뒷면이 통유리로 된 전망형으로 만들어진다고 합니다. 새로운 전망 엘리베이터가 학교에 들어서듯, 우리의 삶에도 늘 더 넓고 투명한 시야가 필요할 것 같습니다. 내가 먼저 조금 불편을 감수하고, 누군가를 위해 벽 하나를 허물 수 있다면, 그것은 단순한 친절을 넘어 정말 대한민국을 새롭게 하는 힘, 세상을 더 따뜻하게 만드는 삶의 가치가 될 거라 믿습니다.

새 엘리베이터가 완공되면 교직원은 물론이고 학생들도 더욱 자주 타고 싶어지겠네요. 그런데 정작 저는 이용하지 않으려 합니다. 왜냐하면 나이가 들면서 점점 하체가 약해지는 것 같아 계단을 이용하려고요. 그러니 처음에는 한 사람을 위한 엘리베이터였지만 앞으로는 한 사람만 타지 않는 엘리베이터가 될지도 모르겠습니다.

장 교주 두 손 모음

학창 시절, 선생님의 수업 시간만을 기다렸던 기억이 납니다. 너무 재미있고 열정적인 수업에 지금도 가끔 그때가 떠올라 웃음 짓곤 합니다. 오랜만에 그때 그 기억을 되살려 주셔서 감사합니다. 이 책을 고교 시절의 좋은 추억으로 간직하겠습니다.

- 임나래(6회 졸업, 대한항공 승무원)

세상에서 가장 행복한 공연

#미담 릴레이 스무 번째 이야기

"엥? 연경이가?"

교감 선생님은 교내 업무메신저를 확인하다가 깜짝 놀랐습니다.

2학년에 고연경이라는 여학생이 있었습니다. 성격이 밝고 평소 노래를 잘 불러서 교감 선생님도 1학년 때부터 잘 알던 학생이었습니다. 그러던 어느 날 교감 선생님에게 날아온 자퇴 명단에 연경이가 있었던 겁니다. 교감 선생님은 궁금했습니다. 학교생활을 잘 하고 있는 것으로 알고 있었는데 왜 갑자기 자퇴하는지. 그래서 연경이에게 전화했습니다.

"연경아, 너 자퇴 명단에 있던데. 왜 자퇴하려고?"

"선생님, 제 꿈은 가수예요. 음악이 너무 좋고 노래가 너무 좋아요. 그래서 오래전부터 음악 공부를 열심히 해오고 있었어요. 음악학원 끝나면 새벽 3시까지 보컬 연습하고. 그러다 보니 학교 수업 시간이 너무 졸리고 힘들었어요.

어떻게든 버텨보려고 했는데 도저히 안 될 것 같아요. 그렇다고 수업 시간에 맨날 엎드려 자는 건 교과 담당 선생님에 대한 예의도 아닌 것 같고. 사실 몇 달 동안 고민하다가 반대하시는 부모님을 설득해서 겨우 허락받았습니다. 그래서 이번에 자퇴하는 거예요."

연경이가 어떤 학생이라는 걸 잘 아는 교감 선생님이었기에 한 편으로는 이해하면서도 다른 한편으로는 안타까웠습니다. 연경이의 꿈을 위해 결재해 줘야 하긴 하겠는데, 뭔가 아쉽고 안타까운 마음에 한 가지 제안을 합니다.

"좋아, 연경아. 일단 알겠다. 근데 우리 마지막 자퇴 처리하는 날, 내 부탁 하나 들어줄 수 있겠니?"

"뭔데요?"

"음~ 다른 게 아니고 노래 세 곡을 준비해서 오거라. 나랑 상담 선생님, 그리고 엄마 앞에서 노래 부르는 거야. 네가 자퇴하면 이제 네 노래를 학교에선 들을 수 없겠구나. 이게 난 너무 슬프단다. 그러니 마지막으로 우리에게 네 노래를 들려줄 수 있을까?"

며칠 후 수요일 오전.
음악실에서는 보통 우울하고 심각한 자퇴 처리와는 전혀 다른, 아름다운 자퇴 기념공연 장면이 연출되고 있었습니다. 연경이는 자신이 준비한 노래 세 곡을 사랑하는 엄마와 선생님들 앞에서 정말 열심히 불러 주었습니다. 학교에서의 마지막 공연이었습니다. 연경이 엄마 눈가에는 이슬이 맺혀 있었고, 선생님들의 입가에는 미소가 자리 잡고 있었습니다.

"난 지금까지 이렇게 아름답고 감동적인 자퇴 처리는 처음입니다. 연경이의 앞날을 응원하며 기쁜 마음으로 자퇴 결재를 할 수 있을 것 같아요."
"사실 처음에는 저 개인만을 생각하며 자퇴하려 했어요. 근데 오늘 제가 노래를 부르는 동안 생각이 바뀌었어요. 이렇게 응원해 주는 부모님과 선생님들을 위해서라도 꼭 훌륭한 가수가 되겠다고. 그리고 나도 개인의 이익만 생각하는 가수가 아닌 누군가에게 이런 응원과 힘을 줄 수 있는 가수가 되겠다고. 엄마~ 선생님~ 사랑합니다. 안녕히 계세요."

그 후로 약 7개월이 지난 어느 날이었습니다. 그날은 우리 학교 교사 록 밴드가 공연을 앞두고 시내 스튜디오에서 합주하는 날이었습니다. 저는 밴드에서 드럼을 맡고 있었죠. 1차 합주가 끝나갈 무렵, 스튜디오 사장님이 예쁜 여직원과 함께 들어오셨습니다.

"제 스튜디오에서 수많은 밴드가 합주하지만 이렇게 한 학교 선생님들로만 구성된 교사 록밴드는 처음 봅니다. 선생님들의 열정이 대단하십니다. 이번 공연에 첫 오프닝 무대로 서 주세요.
그리고 이 친구는 저희 스튜디오에서 근무하는 실장입니다. 필요한 것 있으시면 이 친구에게 말씀하시면 됩니다. 고등학교를 자퇴하고 실용음악을 전공하기 위해 열심히 음악 공부하는 친구죠. 그럼 전 이만."
"안녕하세요. 선생님들은 저를 잘 모르시겠지만, 저 경안고 다녔던 고연경이라고 합니다."

교감 선생님께 연경이 사연을 들어 이미 잘 알고 있던 저는 너무 놀라 속으로 말했습니다.

'아니, 난 너를 너무 잘 알고 있단다. 연경이를 여기서 우연히 만날 줄이야.'

이 다음에 연경이가 정말 유명한 스타가 될지 안 될지는 잘 모르겠습니다. 천 명의 무명 가수 중에 단 한 명만 스타가 될 수 있다고들 합니다. 하지만 그 한 명이 연경이가 되지 말라는 법 또한 없겠죠. 아무튼 연경이가 음악을 할 것은 분명한 것 같습니다. 그리고 적어도 연경이의 마음속에는 4명뿐인 관객 앞에서 아름답고 행복한 자퇴 기념공연을 했던 추억이 남아 있을 겁니다. 그러니 가수가 된 후, 자신의 노래를 들어 주는 관객이 단 4명뿐이라도 학교에서의 마지막 공연을 떠올리며 행복해하지 않을까요?

장교주 두 손 모음

고교 시절, 기숙사에 들어가게 되면서 선생님을 알게 되었습니다. 늘 기숙사 학생들을 신경 써 주신 모습이 지금도 선명합니다. 인생에서 매우 중요한 시기에 올바르고 좋은 길로 인도해 주셔서 정말 감사합니다. 가르쳐 주신 철학 명심하며 늘 열심히 연기하겠습니다.

− 이주영(19회 졸업, 배우)

없던 학생도 받게 되리라

\# 미담 릴레이 스물한 번째 이야기

"무릇 있는 자는 받아 넉넉하게 되되, 없는 자는 그 있는 것도 빼앗기리라."

― 마태복음 25장 29절

'마태효과'라고 들어 보셨나요? 성경 구절에서 따온 심리학 용어인데 한마디로 말하자면 빈익빈 부익부. 가난한 사람은 더 가난해지고 부자는 더 큰 부자가 된다는 말입니다. 가난한 사람들을 위해 전문가가 금융 관련 강연을 열었을 때, 그 강연을 열심히 신청하는 사람들은 부자일까요? 아니면 가난한 사람일까요? 대부분이 부자들이라고 합니다. 정작 가난한 사람은 관심조차 보이지 않는다는 거죠.

학교에서도 마태효과를 자주 경험하곤 합니다. 성적이 낮은 학생, 진로 설정이 필요한 학생을 위해 학습법 강의나 진로 특강을 열면, 정작 들어야 할 녀석들은 다 가버리고 강의실을 채운 건 스스로 알아서 잘하는 적극적인 학생들입니다.

수업할 때도 마찬가지입니다. 정작 들어야 할 학생은 딴짓하고 성적이 좋은 학생은 선생님의 말씀을 하나라도 놓칠세라 열심히 필기하고 질문도 합니다. 반응이 전혀 없고 딴짓하거나 엎드려 자는 학생들이 많으면 선생님은 수업하기가 여간 어려운 게 아닙니다. 그런 아이들에게 무언가를 가르친다는 것도 별 의미가 없어 보입니다. 마태효과에 따른 교육의 양극화입니다.

결국 '마태효과'란 자신을 사랑하고 스스로 난관을 이겨 내려고 노력하는 자들은 계속 발전하고, 그저 아무 생각 없이 나태한 사람은 소중한 인생을 허비하게 된다는 말입니다.

하지만 놀랍게도 아주 가끔은 아무 생각 없어 보이던 학생 중에서도 교사의 이야기를 듣고 영향을 받는 학생이 있다는 사실에 깜짝 놀라기도 합니다. 아무도 수업을 듣지 않고 나 혼자 떠드는 것 같았는데 수업이 끝나고 활동지나 소감문을 읽다 보면 깜짝 놀라는 순간이 있지요. 교사의 말 한마디, 단 한 줄의 문구가 사람의 인생을 바꿀 수 있다는 말이 있습니다. 그렇기에 제가 수업을 아예 포기할 수 없는 이유이기도 합니다.

작년, 저명한 교수님을 어렵게 초청하여 방과 후 특강을 열었던 적이 있습니다. 당시 2학년 담임이셨던 이승은 선생님은 자기 반 아이들이 조금이라도 많이 수강할 수 있도록 적극적으로 독려하셨습니다. 특강이 끝나고 다은이가 이승은 선생님을 찾아왔습니다.

"다은아, 오늘 특강 어땠어?"

다은이는 갑자기 울먹거리며 감동에 젖은 목소리로 말합니다.

"선생님, 저는 지금까지 미래가 막막했어요. 내신 성적이 높지 않아 앞이 보이지 않았고, 내가 좋아하는 이 작가 분야가 과연 전망이 있을까도 고민했어요. 그런데 오늘 강의를 듣고 너무 기뻤어요. 저에게 꿈과 희망, 그리고 자신감을 안겨 주었거든요. 이런 기회를 주셔서 감사해요."

이승은 선생님도 덩달아 기분이 좋아졌습니다.

그로부터 1년이 지난 오늘 아침, 제가 교문 지도를 하고 있는데 이승은 선생님이 다가와 추운 날씨에 고생한다며 생강차 한 잔을 따라 주셨습니다. 손수 집에서 보온병에 담아 온 거였죠. 생강차의 온기가 선생님의 따뜻한 마음과 어우러져 온몸에 시나브로 스며들었습니다. 추위에 얼었던 몸이 사르르 녹는 것 같았습니다. 그리고 갑자기 3학년 여학생을 데려와서는 말씀하십니다.

"선생님, 다은이 기억하시죠? 다은이가 이번 대학 입시에서 너무 잘 되어 기특해서요."

"선생님, 저 한예종[32] 합격했어요. 제가 꿈꾸었던 영상원[33]으로요."

겉보기에는 아무 의미 없어 보여도, 선생님들은 단 1명의 다은이 같은 학생을 위해 수업에 최선을 다하십니다. 또한 많은 수고를 감수하면서 각종 교육 프로그램을 만들어 학생들에게 제공하시는 이유도 그 때문이 아닐까요? 중산층이 탄탄해야 진정한 선진국이 되듯, 학교에서도 뭔가 해 보려고 노력하는 중위권 학생들이 많아졌으면 합니다. 그래야 선생님들의 수업이 더 즐거워질 것 같습니

---
32 한국예술종합학교.
33 영화, 방송, 애니메이션, 멀티미디어, 디지털콘텐츠 전공학부.

다. 그렇게 된다면, 학교 교육의 '마태효과'는 이렇게 새로 써질 것 같습니다.

"무릇 있는 학생은 받아 넉넉하게 되고, 없던 학생도 교육으로 말미암아 받게 되리라."

장 교주 두 손 모음

> 수십 년간 변함없이 열정적인 모습으로 학생을 지도해 주셔서 감사합니다. 비록 더 이상 교단에서 만나 뵙긴 어렵겠지만, 선생님께서 책을 통해 남기신 이 기록은 이제 기적으로 계속 학교에 남아 있을 것입니다.
> – 최희수(15회 졸업, '씨앗들애' 대표)

교직의 끝에서 춤추다
미담 릴레이 스물두 번째 이야기

쉬는 시간이었습니다.

여학생 3명이 교무실로 들어와서는 제 옆자리에 앉아 있는 젊은 남자 선생님에게 초콜릿, 과자 등을 드리며 조잘조잘 이야기합니다.

"저는 선생님 수업이 제~일 좋아요.^^"
"선생님, 오늘 저희 반 수업 5교시에 있어요.^^"

립 서비스가 이만저만이 아닙니다. 바로 옆에 앉아 있는 나에게는 관심조차 주지 않고…. 학생과의 라포[34]가 잘 형성된 선생님을 보면 살짝 샘도 나고, 아름다워 보이고 부럽기도 합니다. 나이가 들수록 아이들과의 거리가 조금씩 멀어지는 것 같아, 문득 서글퍼질 때도 있습니다. '나도 젊었을 때는 나름 '장 교주'라는 별명으로 불리며 꽤 인기가 있었는데….'라고 위안하며 그 광경을 흐뭇하게 지켜보고 있는데, 불현듯 아이디어 하나가 떠올랐습니다.

'학생들과 뮤직비디오를 하나 만들어 볼까?'

일단 학교 댄스동아리 반장을 찾아가 부탁했습니다.

"진성아. 내가 학생들과 뮤직비디오를 만들어 보고 싶은데 함께 해 보지 않을래? 미안하지만 나에게 춤도 좀 가르쳐 주면 안 될까?"

보기 좋게 거절당했지요. 낙담하며 복도를 걸어가고 있는데, 평소 나에게 큰 소리로 인사해 주던 인서와 서진이가 말을 겁니다.

---

34 Rapport. 친근감 및 신뢰감 형성을 기초로 서로 긍정적인 관계를 형성하는 것.

"어? 짱 쌤, 왜 표정이 안 좋으세요? 무슨 일 있으세요?"

사정을 말했습니다.

"헐! 우리가 도와드릴게요. 같이 찍어요. 서진이 춤 잘 춰요. 얘 어렸을 때 무용했거든요."

우여곡절 끝에 프로젝트가 시작되었고, 약 3개월 만에 드디어 '교직의 끝에서 추억을 외치다.'라는 제목의 뮤직비디오가 완성되었습니다. 매일 학교에 남아 학생에게 춤을 배우고, 함께 연습했습니다. 때로는 계단에서 구르기도 했지요. 영상 촬영부터 편집, 구성, 의상, 댄스까지 어느 것 하나 쉬운 일은 없었습니다. 하지만 오랜만에 학생들과 함께하니 그 모든 과정이 행복한 작업이었습니다. 젊은 선생님들 몇 분도 기꺼이 함께해 주셨습니다. 이렇게 뮤직비디오가 완성되고, 얼마의 시간이 흘렀습니다. 교실에서 수업을 마치고 나오는데 영상 제작 동아리 반장 영재가 저에게 조심스레 다가왔습니다.

"선생님, 뮤직비디오 봤는데 괜찮던데요. 이번에는 저희와 한번

해 보실래요? 저희가 도와드릴게요. 우리 동아리는 동영상 촬영, 편집, 각본, 기획, 연출, 연기 담당 학생들 다 있어요.^~^"

'이게 웬일인가?' 했습니다. 학생들이 먼저 다가오다니. 당연히 수락하고 또 몇 개월 시간을 쪼개가며 아이들과 열심히 작업한 결과, '니들이 예술을 알아?'라는 뮤직비디오 2탄이 완성되었습니다. 처음에는 한 편만이라도 완성했으면 좋겠다고 시작한 거였는데 뜻하지 않게 2탄까지 나오게 되었네요.

다시 쉬는 시간입니다.
여학생 몇 명이 교무실로 들어옵니다. 이번엔 저에게 말을 겁니다.

"쌤~ 언제 이렇게 춤 연습을 하셨어요? 장난 아니에요."

립 서비스가 이만저만이 아닙니다. 옆자리에 앉아 계신 젊은 선생님이 한마디 하십니다.

"저희보다 열정이 대단하십니다."

나이를 먹었다고 혼자 서글퍼하기만 했다면 이런 추억은 만들지 못했을 것 같습니다. 무엇보다 학생들에게 용기 내어 먼저 다가가길 정말 잘했다는 생각이 듭니다.

오늘도 수업을 합니다. 평소보다 교실 속 아이들이 더 예뻐 보입니다.
혼자 생각합니다.

'그래~ 이래 봬도 난 뮤직비디오 주인공이야.'

어깨가 으쓱해집니다.

여러분도 인생이라는 무대에서 주인공으로 열연하고 계시겠지요?

댄서 장 교주 두 손 모음

뮤직비디오 1탄이 보고 싶은가요?

1탄을 보셨다면 내친김에 2탄도….

> 진심과 헌신의 이야기들이 담긴 이 책은, 마음을 움직이는 감동과 삶을 아름답게 만드는 울림을 전합니다. 교직의 의미와 보람을 새기고 싶은 예비 교사와 모든 선생님께 추천합니다.
>
> — 이동희(교사)

> 선생님의 글을 읽으며 중요한 사실 하나를 알게 되었습니다. 선생님은 언제나 그 순간, 그 사람들, 그리고 선생님 자신에게 '진심'이셨다는 점입니다. 매 순간을 진심으로 살아내는 모습이 참 아름답다고 느꼈습니다.
>
> — 유지인(5회 졸업, 직장인)

선순환을 목격하다

미담 릴레이 스물세 번째 이야기

글로벌 기업에서 근무하는 박현우 사원은 어느 날 문득 생각합니다.

'요즘 청년세대가 다들 힘들다고 하는데 난 보람도 있고, 꽤 괜찮은 회사에 근무하고 있는 게 얼마나 감사한 일인가. 더군다나 명문대도 아니고 지방대 출신인 내가.'

그리고 자신이 행복하게 사회생활하고 있는 이유가 무엇일까 곰곰이 생각해 보았습니다. 이윽고 그의 머릿속에 14년 전, 고등학교 1학년 때의 한 장면이 떠올랐습니다.

새 학기.

1학년 5반 새내기 고등학생 박현우는 담임 선생님과 상담 시간을 갖습니다.

"선생님, 저는 그다지 공부를 잘하는 것도 아니고, 확실한 꿈도 없습니다. 아버지가 돌아가셔서 집안 형편이 넉넉하지도 못하고요."

"현우야, 지금 겪고 있는 상황은 네 잘못이 아니란다. 공부는 앞으로 열심히 하면 되는 것이고, 꿈도 차차 만들어 가면 되는 거지. 나도 네 나이 때 그랬다. 너, 나와 함께 멘토링 프로그램할래?"

"그게 뭔데요?"

"삶의 사명과 균형을 잡아주는 멘토링 프로그램인데 내가 우리 반 학생들에게 처음 적용해 보려 하는 것이거든. 난 이 프로그램이 성공할 수 있다는 믿음과 확신이 있단다."

당시 같은 교무실에서 근무했던 저는 본의 아니게 이 광경을 목격했습니다. 현우는 부반장까지 맡아가며 담임 교사의 가르침에 열심히 따랐습니다. 담임 선생님은 그런 현우가 기특해서 장학금도 추천하여 받게 해 주었습니다. 2학년이 된 현우는 멘토가 되어 자신이 배운 플래닝 방법을 그대로 적용하여 후배들에게도 열심히 가르쳐 주었죠. 이게 바로 현재 우리 학교의 대표 프로그램 중의 하나인 LSP^{35} 멘토링 프로그램의 시작이었습니다.

그로부터 약 14년이 지난 어제. 저는 냉커피나 한 잔 마시려고 교장실 옆 차 준비실로 들어가는 길이었습니다. 바로 그때 교장실 앞에서 어떤 양복 입은 직장인과 우리 학교 여학생 두 명이 행복하게 웃으며 대화를 나누는 장면을 목격합니다. 대화라기보다는 여학생들이 웃으며 일방적으로 이야기하고 있었습니다. 그 직장인은 여학생들의 재잘대는 모습을 쑥스러운 표정으로 바라보고만 있었습니다.

바로 현우였습니다. 힘들었던 고교 시절, 현우는 은사님의 가르침과 LSP 프로그램 등을 통해 삶의 의미와 살아가는 방법을 배웠습니다. 그 기억이 떠오르자, 그는 자신의 월급에서 120만 원을 모교에 기부하기로 결심했습니다. 그리고 그날 교장실에서 장학금을 전달했던 겁니다.

현우는 얼굴이 빨갛게 달아올라 어쩔 줄 몰랐습니다. 그런데 왜 그렇게 쑥스러워했을까요? 레이저 포인터를 쥐고 수없이 프레젠

---

35 Life Scale Planning.

테이션하던 회의실에서도 이렇게 긴장된 적은 없었는데, 정작 모교 후배들 앞에서는 두 손을 어디다 둬야 할지 몰랐습니다. 애꿎은 넥타이만 만지작거리고 있었죠.

"선배님, 너무 멋지고 감사합니다. 선배님의 소중한 장학금을 받게 되어 얼마나 기쁜지 몰라요. 저희도 이다음에 어른이 되면 선배님처럼 후배들에게 격려와 힘이 되어주는 멋진 선배가 되겠습니다."

현우는 한 편으로는 기쁘면서도, 후배들의 감동 어린 말에 그저 웃고만 있었습니다.

상상해 봅니다.
지금부터 또 14년이 흐른 어느 날, 그 여학생 두 명이 교장실 앞에서 후배들의 감사 인사를 받으며 얼굴을 붉히고 있는 장면을. 아마 속으로는 이렇게 생각하겠지요.

'이상하다? 난 그냥 작은 도움을 줬을 뿐인데 왜 이렇게 부끄럽지? 그때 그 선배님도 이런 기분이었을까?'

그 순간 또 어떤 선생님이 그 장면을 보고 흐뭇하게 미소 지으며 이렇게 기록하겠지요.

'나는 오늘 선순환을 목격했다.'

장 교주 두 손 모음

LSP 멘토링 프로그램 관련 뉴스

> 벌써 졸업한 지 15년이 지났지만, 수업 시간 선생님의 그 부리부리한 눈은 아직도 생생합니다. 저를 항상 '미카짱'이라 불러 주시고 늘 챙겨 주셨지요. 저도 선생님이 너무 좋아서 항상 교무실로 찾아갔던 기억이 납니다. 언제나 존경하며 출간을 축하드립니다.
> — 채미가(12회 졸업, 직장인)

교과서를 바꾸는 사람들
#미담 릴레이 스물네 번째 이야기

 이진우라는 수학 선생님이 계십니다. 방송반을 담당하고 계십니다. 늘 양복이 아닌 캐주얼을 즐겨 입고, 명찰을 목에 걸고 학교 구석구석 바쁘게 돌아다니십니다. 그래서인지 언뜻 보면 수학 선생님이 아니고 무슨 방송국 PD 같은 느낌도 살짝 있습니다.
 그런데 이분, 수학에 있어서는 상당한 실력을 보유한 고수입니다. 임용되셨을 때, 당시 교장 선생님에게 들은 말이기도 합니다. 엄청 깊고 수준 있게 많은 것을 가르쳐 줄 수 있는 분인데 학생들이 그걸 다 못 받아먹는 것 같아 안타까운 느낌이랄까요? 어느 날 이진우 선생님은 수학 수업 시간에 학생들에게 말했습니다.

"애들아, 교과서에 나오는 이 그림은 내가 볼 때 조금 이상한 부분이 있는 것 같다. 너희가 한번 왜 그런지 알아볼래?"

교과서 그림이 잘못되었다는 것은 어찌 보면 심각한 문제가 될 수도 있기에 아주 조심스레 아이들에게 던져 보았던 것이죠. 그런데 얼마 후 주형이와 현서가 찾아왔습니다.

"선생님, 제가 그림을 하나하나 검토해 봤는데, 혹시 이렇게 해석하는 게 맞지 않을까요?"

학생들은 선생님이 말씀하신 오류의 내용이 무엇인지 정확하게 알아내었습니다. 그리고 현서는 한 걸음 더 나아갔습니다. 교과서 출판사에 직접 전화해 문제를 제기한 겁니다.

"학생의 의견은 나름대로 설득력이 있지만 그렇다고 교과서 그림이 틀린 것은 아닙니다. 다르게 해석될 수도 있기에 그림 자체가 잘못된 것은 아니에요."

현서는 이해할 수 없었습니다. 그래서 본격적으로 연구를 시작했습니다. 이윽고 '기하학적 관점에서의 쌍극자 모멘트와 분자의 기하 구조 및 결합각 + 생체역학과 벡터'라는 보고서를 작성하여 선생님께 보여드렸습니다. 저는 무슨 말인지 하나도 모르겠습니다. 제목만 보아도 꽤 심도 있고 멋있어 보이네요. 이진우 선생님도 수업 시간에 그냥 한마디 던졌을 뿐인데 이렇게 보고서까지 작성해 온 현서가 기특하고 놀라웠습니다.

시간이 흘러 새 학기가 시작되었습니다. 새 학기 준비로 바쁜 나날을 보내고 있던 이 선생님은 다시 한번 놀라지 않을 수 없었습니다. 새로 나온 수학 교과서에 작년 그 그림이 바뀌어 있었기 때문입니다. 교사로서 던진 단순한 질문이 학생의 호기심과 도전을 불러일으키고, 마침내 실제 변화를 만들어 낸 것이죠.

교육을 통해 학생에게 스스로 생각하고 질문하며 행동할 기회를 주는 것이 가장 중요하다는 것을 다시 한번 깨달았습니다. 학생이 문제를 발견하고, 분석하고, 의견을 제시할 때, 지식은 단순한 정보가 아니라 살아 있는 경험이 됩니다. 그리고 무엇이든 행동으로 옮길 때 비로소 현실이 됩니다. 그것을 현실로 끌어내고, 작은 실천으로 구체화할 때 사람들의 마음에 영향을 주고, 세상을 조금씩 바꾸는 힘으로 이어집니다. 물론 실패할 수도 있습니다. 하지만 실패 속에서도 배우고, 더 완벽하게 다듬을 수 있습니다. 중요한 것은 직접 시작해 보는 행동입니다. 생각만으로 끝내지 말고 직접 행동으로 옮겨 보세요. 작은 실행이 모이면 예상치 못한 결과와 기적을 만들어 냅니다.

"아이디어는 원래 완성된 상태로 떠오르지 않습니다. 오직 실행하는 과정을 거치면서 분명해질 뿐입니다. 그래서 어떤 아이디어가 있다면 지금 바로 시작하면 되는 겁니다."
— 마크 주커버그[36]의 하버드 졸업식 축사 중에서.

주형이와 현서를 통해 저 또한 다시 한번 느꼈습니다. 뭔가를 발전적으로 변화시키는 사람들은 바로 '행동하는 사람'이라는 것을. 그리고 이렇게 행동하는 학생들이 있는 한, 우리는 교육을 포기할 수 없습니다. 교육의 힘은 바로 작은 호기심을 행동으로 이어지게 하는 것이니까요.

장 교주 두 손 모음

---

36 미국 기업인. 페이스북 창시자. 메타 플랫폼즈 대표.

중3 때 고등학교를 홍보하러 제가 다니는 학원까지 찾아오셨던 선생님을 뵌 게 첫 만남이었습니다. 그때 선생님의 말씀을 듣고 감동받아 입학했고, 수업을 들으며 많은 것을 배우고 느꼈습니다. 이 글을 보니, 지금도 여전히 학생과 학교를 사랑하시는 선생님의 마음이 읽히네요. 선생님의 가르침처럼 사람을 대하는 태도를 늘 마음에 새기며 환자를 돌보겠습니다.

— 성민용(11회 졸업, 의사)

선생님의 진학지도는 잘못되었어요

#미담 릴레이 스물다섯 번째 이야기

지난주 금요일이었습니다. 그날은 제가 이석증으로 머리가 조금 어지러워 일찍 조퇴했습니다. 카페에 앉아 멍하니 시간을 보내고 있는데, 갑자기 전화가 왔습니다.

"여보세요?"
"선생님 안녕하셨습니까? 저 태훈입니다. 기억하시나요?"
"와~ 이게 누구야! 기억하고 말고. 정말 오랜만이구나. 건대 법대!"

오래전 제가 고3 담임을 맡았을 때 유독 마음에 걸리는 학생이 한 명 있었습니다. 키가 아주 작고 마른 체형에 안경을 쓴, 공부만큼은 늘 열심히 하던 아이였습니다. 수업이 끝나면 질문이 많아 선생님들을 종종 곤란하게 만들기도 했지요. 어쩐지 다른 아이들과 잘 어울리지 못해 외톨이처럼 보이던 학생, 바로 태훈이었습니다.

어느 날 대학 원서를 쓰게 될 무렵 말하더군요.

"쌤, 저는 무엇을 전공해야 할지 잘 모르겠어요. 공부는 나름 열심히 한다고 했는데 제가 무엇을 좋아하는지도, 적성이 뭔지도 잘 모르겠습니다. 친구들도 하나같이 절 싫어하는 것 같고. 대학 등록금도 걱정되고. 아시다시피 저희 집도 부유한 건 아니고요."

"그럼, 너 내가 정해 주는 대로 갈래?"

"네."

"법대 가라. 네가 지금은 스스로 별 볼 일 없다고 생각할지 모르지만, 권력과 힘을 얻게 되면 그 누구도 널 얕잡아 볼 수 없을 거다."

참 어이없는 진학지도였지요. 결국 태훈이는 제가 말한 대로 건국대 법대를 4년 장학생으로 합격했습니다. 그 후로 연락 한번 없다가 21년 만에 이렇게 전화가 걸려 온 겁니다.

반가운 마음에 카페로 오라고 해서 만났습니다. 많은 이야기를 주고받았는데, 결론부터 말하자면 그동안 법대를 졸업하고 2년 정도 사법고시 준비하다가 실패했다고 합니다. 그 후로 어찌어찌해서 사업을 시작했고, 약 10년 동안 뼈를 갈아 넣는 노력 끝에 어엿한 마케팅 관련 중견기업의 CEO가 되었다는 사연을 들을 수 있었습니다. 그리고 앞으로 5년 정도만 더 일하고, 그때부터는 파이어족[37]으로 살 거라더군요. 기부와 봉사활동을 하면서 말입니다. 제자의 성공 모습을 보고 괜스레 으쓱해져서 물어보았습니다.

"너, 그때 내가 가라는 대로 법대 가길 잘했지? 사업하는 데도 많은 도움이 됐을 테고."

"아니요, 전혀요."

"……?"

"쌤, 전 후배들에게 해 주고 싶은 말이 있어요. 적성에 맞는 과를 가라. 일찍부터 꿈과 목표를 세워라. 이런 말 많이 듣잖아요? 근데 제가 얼마 안 되는 인생이지만 경험해 보니까 그렇지 않은 경우가 너무 많더라고요.

자기 적성에 맞고 꿈대로 사는 사람이 몇 퍼센트나 될까요? 그것

---

37 경제적 자유를 얻어 조기 은퇴하는 것.

만 바라보고 살다가 나중에 그게 아니라는 걸 깨달으면 더 큰 실망과 현타[38]가 오지 않을까요? 저도 법대 공부하면서 느낀 건데요. 전공 자체도 중요하지만, 대학 다니며 다양한 경험을 하려고 노력했어요. 그냥 무엇이건 자신이 처한 위치에서 능동적으로 대처하는 능력이 제일 중요하다는 걸 깨달은 것 같아요. 꼭 자기가 전공하거나 목표한 대로 되지 않아도 유연하게 대처하며 성실하게 임하는 열린 마인드. 이게 사회생활하는 데 훨씬 더 필요하고 도움이 되는 것 같더라고요."

그리고 거침없이 말을 이어 나갑니다.

"고등학생이면 아직 어린 나이잖아요. 목표가 처음부터 뚜렷하지 않아도 괜찮습니다. 자신이 무엇을 좋아하는지 모르는 건 당연한 거예요. 어떤 세상이 자신 앞에 펼쳐질지 모르면서 좁은 시각으로 정해버리지 말았으면 좋겠어요. 특정 학과가 아닌 계열 정도로 폭을 넓힌 상태에서 진학해도 된다고 말해 주고 싶어요.

그러면 어찌어찌 해서 결국 자신의 길을 찾게 될 거라고. 그 '어

---

38 '현실 자각 타임'을 줄여 이르는 말로, 헛된 꿈이나 망상 따위에 빠져 있다가 자기가 처한 실제 상황을 깨닫게 되는 시간.

찌어찌'가 더 중요한 거라고. 그러니 모르겠으면 그냥 어떤 환경에 처해도 현실에 최선을 다하고 상황에 맞게 자신을 던질 줄 아는 자세를 갖추라고 조언해 주고 싶습니다. 그렇게 하려면 최소한의 노력과 열정은 있어야 하겠죠."

제자에게 또 배웠습니다. 저 또한 교단에만 머물다 보니 사회를 다 알 수 없으니까요. 어쩌면 태훈이가 저보다 훨씬 치열하게 살아왔기에, 그의 이야기는 더 무게 있게 다가왔습니다. 앞으로도 지금처럼 당당한 모습으로 살아갈 수 있겠다고 생각했습니다. 이젠 더 이상 예전의 태훈이가 아니었습니다.

그렇게 주말을 보내고 월요일 출근했습니다. 그런데 오후 4시 32분. 느닷없이 동료 교사 정오남 선생님이 카톡으로 사진 몇 장을 보내 왔습니다. 사진을 보는 순간 온몸에 전기가 오르는 것 같았습니다. 정오남 선생님은 내가 태훈이를 바로 3일 전에 만났다는 걸 전혀 모르는데 말입니다. 정말 기막힌 우연의 일치가 아닐 수 없습니다.

정오남

우연히 교지를 보다가 예전에 장 선생님이 고3 담임 때 쓰신 글을 봤습니다.^^

허허, 참 이상한 일이지?
그렇지 않아도 바로 지난주 금요일, 저 사진 속 학생 중 한 명이 21년 만에 날 찾아왔었네.
김태훈.
아주 작고 왜소했던 친구. 이 친구가 기업 CEO가 돼서 다시 나타났네. 근데 오늘 정 선생이 그때 사진을 보내 주는구려. 우연의 일치 치곤 기막힌 타이밍이군.
당시 졸업을 앞두고 내가 저 녀석들을 위해 교지에 써 주었던 말, '어느 곳, 어느 때 만나더라도 당당하고 자신 있는 모습으로 변해 있는 그들을 진정 다시 만나고 싶습니다.'라는 소망이 이렇게 이루어졌나 보이.
기도를 들어주신 신께 감사해야겠네.
그런데 정작 내 아들을 위한 기도에는 왜 이리도 가혹하신지…. ㅋㅋ

장 교주 두 손 모음

흐려진 기억이 추억의 순간으로 돌아오는 신기한 경험. '나 때는 말이야'가 아닌 눈물 나게 돌아보고 싶은 장면을 소환시켜 주는 시간 여행자. 공간과 시간을 함께 나눈 사람들에 대한 진한 예의가 돋보이는 꺼내 보고 싶은 이야기.

— 신희수(교사)

술값 내고 도망간 제자

#미담 릴레이 스물여섯 번째 이야기

제가 퇴근하는데 한 무리의 교사들이 본관 건물 출입구 앞에 모여 있었습니다. 보아하니, 술 마시러 가려는 모양이었습니다. 그냥 지나치려는데 무리 중 리더 격인 민태홍 선생님이 갑자기 제게 말을 겁니다.

"어? 장 부장! 혹시 지금 와이프 카페로 가?"
"왜?"
"카페 가면 어차피 우리 그 근처에서 술 한잔하려고 하는데 태워 줄 수 있어?"
"그럼 나도 끼워 주는 거야?"

"……."

사실 운동을 가려 했지만, 같이 가자고 물어봐 주기는커녕 차를 태워달라는 말에 은근히 화가 나서 나도 껴 주면 태워 주겠다고 몽니를 부렸습니다. 졸지에 차량을 핑계로 원래 멤버도 아닌 제가 동행하게 되었습니다.

늘 그렇듯, 술자리에서 남 이야기로 꽃을 피우는 재미가 쏠쏠합니다. 1차 술 모임이 끝나고, 다들 약간 기분 좋게 알딸딸해져 2차 자리로 옮겼습니다. 제가 먼저 자리를 확보하고 하나, 둘 술집으로 들어오는데 갑자기 구석에 앉아 있던 젊은 손님이 벌떡 일어서더니 인사를 합니다.

"어? 혹시 민태홍 선생님 아니십니까?"
"오~ 여긴 웬일이야?"
"친한 지인들과 술 한잔하는 중입니다."

그러자 민태홍 선생님은 우리 교사들에게 인사를 시키기 시작했습니다.

"다들 기억하나? 우리 학교 4회 졸업생. 안산에서 유명한 '○○ 낙지마당' 사장님이시지."
"원래 이런 데서는 아는 척하는 거 아냐. 우리 뒷담화 해야 하는데…."

제가 멋쩍은 농담으로 한마디 하자 그 친구도 웃으며 자리에 앉더군요.

지역사회에서 오랫동안 선생 노릇을 하다 보니, 이렇게 뜻하지 않은 장소에서 제자를 만나는 경우가 종종 있습니다. 전혀 몰랐는데 갑자기 먼저 다가와 인사하는 졸업생이 있는가 하면, 분명 우리 학교 졸업생인데 그냥 모른척하고 지나가는 제자도 있지요. 그런 제자에게 굳이 다가가서 '너 나 몰라?'라고 말 걸기도 참 겸연쩍습니다. 나이를 먹어서인지 그래도 이렇게 먼저 알아보고 인사해 주는 제자들이 더욱 고맙게 느껴집니다. 그런 제자의 이름이 생각나지 않을 때는 괜스레 미안하기도 합니다. 그리고 적어도 학창 시절, 못된 선생님으로 기억에 남아 있지 않은 것 같아 다행이라는 생각도 듭니다.

아무튼 졸업생 제자와 선생들은 다시 각각의 모임에 충실하기 시작했고, 어느새 졸업생이 옆 테이블에 있다는 사실조차 잊어버리고 재미있게 뒷담화 꽃을 계속 피웠습니다. 얼마의 시간이 흘러 다들 기분 좋게 취해 자리에서 일어났습니다. 그 졸업생 일행은 이미 자리를 떠난 뒤였는지 보이지 않더군요. 은사님들이 너무 진지하게 대화 중이어서 방해하지 않고 그냥 조용히 갔나 봅니다. 그런데 민태홍 선생님이 계산하려고 카드를 내미는 순간,

"아, 아까 옆자리에 계셨던 젊은 분이 손님들 테이블 것까지 다 계산하고 가셨습니다."

민태홍 선생님이 황당해서 한마디 합니다.

"이 녀석이 시키지도 않은 짓을."

젊었을 때는 졸업한 제자가 찾아오면 제가 밥이나 술을 사주곤 했습니다. 저보다 학생들에게 훨씬 인기 많았던 선생님은 늘 찾아오는 제자 덕에 아마 돈도 꽤 많이 쓰셨던 것 같습니다. 그런데 어느 순간부터 그런 제자들이 나이를 먹고, 직장을 다니고, 결혼하고,

가정을 꾸리면서 내가 젊었을 때 바로 그 나이가 되어 버렸네요. 그리고 이제는 이렇게 은사님 몰래 슬쩍 계산하고 가기도 합니다.

때로는 스승의 날 즈음하여 오래전 제자가 찾아와 저에게 술 한 잔 대접해 주는 일도 있습니다. 젊었을 때는 네가 무슨 돈이 있냐며 내가 사주었습니다. 그런데 이제는 그런 제자가 사주는 밥 한 끼, 술 한 잔이 오히려 대견하고 은근히 기분도 좋아지고, 막 자랑도 하고 싶어집니다. 단지 공짜로 먹어서라기보다 이제 온전한 사회인으로서 은사에 대한 감사한 마음을 표할 수 있을 정도로 성장한 제자의 모습이 대견하고 자랑스럽기 때문일 것입니다. 제자가 성장하는 모습을 계속 지켜볼 수 있는 것. 이게 바로 교사의 보람이 아닐까요?

민태홍 선생님이 말한 '시키지도 않은 짓'은 나쁜 의미가 아니라 분명 기분 좋은 표현 같았습니다. 심리학에서는 이것을 '긍정적 기대치 위반 효과'[39]라고 하더군요. 앞으로 술 한잔할 때는 가게에 들어가면서 혹시 제자가 있나 주변 테이블부터 휙 둘러봐야겠습니다.

---

39 상대의 기대치를 긍정적인 방향으로 위반하면 호감이 증가하는 현상.

잠깐!

그런데 만약 제자를 발견했는데 날 보고도 그냥 모른 척하면, 이건 '부정적 기대치 위반 효과'가 되려나?

장 교주 두 손 모음

> 항상 정성을 다해 사랑해 주시고 아낌없이 베풀어 주셨던 장 선생님. 진심으로 감사하고 존경합니다. 선생님 덕분에 평생 가져야 할 삶의 자세를 배웠고 더 넓은 세상을 알게 되었습니다.
> — 류하림(15회 졸업, 금융전문가)

선생의 맛?

#미담 릴레이 스물일곱 번째 이야기

5월의 어느 월요일입니다.

기분 좋은 햇살과 바람이 교실 창문 틈으로 조용히 스며들고 있던 5교시. 통합과학 수업 시간입니다. 오창진 선생님의 손엔 익숙한 분필 하나가 쥐어져 있었습니다. 늘 해오던 수업인데 그날따라 칠판 앞에 선 그분의 마음은 조금씩 무거워지고 있었습니다.

'이게 수업인가, 제사를 지내는 건가?'

오랜 시간 준비한 수업자료, 밤늦도록 고민한 설명 순서, 가능하면 쉽게 가르치려고 애써 노력했습니다. 하지만 수업이 진행될수록 아이들은 책상에 고개를 파묻은 채 엎드려 있거나, 깨어 있어도 아무 반응이 없었기 때문이었습니다. 수업을 듣고 있는 건지, 분간하기 힘든 모습. 마치 묘비 앞에 서서 홀로 절을 올리고 있는 듯한 기분이었습니다. 들었던 분필을 집어던지고 싶은 충동이 피어올랐습니다.

'이건 아니다.'

억지로라도 아이들의 시선을 끌어보려 자조 섞인 잔소리가 입 밖으로 흘러나오던 찰나, 선생님의 스마트폰에 한 통의 알림이 도착했습니다. 별생각 없이, 거의 무의식처럼 화면을 열어본 선생님의 눈앞에는 길고 정성스러운 메시지가 펼쳐졌습니다.

"선생님, 안녕하세요. 작년 졸업생입니다. 대학 와서 화학 강의를 듣는데, 선생님의 화학 수업이 얼마나 도움 되는지 몰라요. 선생님께 꼭 전해드리고 싶어 연락 남깁니다.
선생님께서는 단순히 고등학교 선생님이 아닌 교육자라는 생각이 들어요. 항상 효율적인 공부 방법을 알려 주시기 위해 연구하셨던 것을 지금 와서야 알게 되었어요. 고등학교 때 이런 수업을 들었다는 게 너무 행운입니다. 후배들도 꼭 느꼈으면 좋겠어요. 감사합니다."

순간, 시간이 멈춘 듯했습니다. 딱딱하게 굳어 있던 얼굴 근육이 조금씩 풀리고 화로 달아올랐던 가슴은 이내 따뜻한 5월의 봄바람처럼 부드럽게 느껴졌습니다. 불과 5분 전과 똑같은 햇살과 바람인데 말이죠.

매일 같이 반복되는 일상에서 지친 얼굴로 늘 저에게

"형님, 요즘 학교 수업이 너무 힘들어요. 피곤해요."

라고 하소연하던 후배 교사였습니다. 그 말속엔 어느새 놓쳐 버린 사명감과 꺼져 가는 열정이 숨겨져 있었는지도 모릅니다. 안타까웠습니다. 하지만 이 짧은 메시지 한 통이 그 모든 피로를 날려 버렸습니다. 단 한 명의 제자가 마음 깊숙이 간직하고 있던 감사를 전해 준 그 순간, 오창진 선생님의 마음속에도 다시 불이 켜졌으리라 생각합니다. 지금 내 앞에 엎드려 자고 있는 아이들 사이에도, 언젠가는 이런 마음을 전해 줄 누군가가 있을 거라는 믿음이 생겼을지도 모릅니다. 이 맛에 선생을 하는가 봅니다.

　우리들의 이름이 불리는 순간, 그 이름 뒤에는 늘 '선생님'이라는 글자가 붙습니다. 그 선생님이란 호칭이 무겁고 우리를 지치게 할 때도 있지만, 때때로 이런 따뜻한 순간이 찾아옵니다. 그리고 그 순간은 무엇과도 바꿀 수 없는 보람이 되어 돌아옵니다. 누군가의 인생에 '좋은 선생님'으로 기억된다는 것. 그것은 아마도 교사라는 직업이 우리에게 주는 가장 큰 선물일지도 모르겠습니다. 작은 메시지 하나가 누군가의 하루를 순식간에 특별한 순간으로 바꾸어 주었네요. 이처럼 소소한 마음이 우리의 삶을 한층 풍요롭고 따뜻하게 만드는 힘입니다.
　선생님들 모두 제자에게서 감사의 메시지를 많이 받으셨으면 좋겠습니다. 그리고 힘내십시오. 오늘도 선생님 덕분에 누군가가 자신의 미래를 그리고 있을 테니까요.

　이 사연을 듣고, 제가 오창진 선생님께 선배랍시고 한마디 했습니다.

　"오 선생, 후배지만 진심으로 존경하네. 이런 문자를 받는 걸 보니 부럽기도 하고. 그런데 자네, 혹시 아시는가? 나는 올해를 끝으로 명예퇴직을 하려 하는데, 막상 마지막 해라고 생각하니 수업 한 시간 한 시간이 더없이 소중하게 느껴지네. 30년 동안 늘 당연하다 여겼던 것들이었는데, 지나고 나면 아쉬움이 남기 마련인 것을. 그러니 자네는 지금의 수업을 마음껏 맛보며 오래도록 행복했으면 좋겠네."

장 교주 두 손 모음

여전히 사람 사는 곳으로, 희망으로 기능하는 우리들의 학교 이야기.
— 정효진(교사)

학교를 졸업하고 시간이 흐르면, 시험 성적이나 등수는 잘 기억나지 않습니다. 하지만 선생님과 함께 천체망원경으로 올려다본 밤하늘의 별빛, 하나의 목표를 위해 애썼던 프로젝트의 순간들, 그리고 함께 배우며 웃음 가득했던 체험활동 같은 추억들은 아직도 선명하게 마음 한편에 남아 있지 않나요? 그 따뜻한 동행, 그 잊지 못할 이야기들을 지금 이곳에 꺼내어 적어 보세요.

3장

선생님, 함께 버텨 주셔서 고마워요

동료들과 서로 등을 토닥이며 견뎌 낸 나날들

들꽃을 더 사랑한 사람
배종원 선생님의 퇴임에 즈음하여
미담 릴레이 스물여덟 번째 이야기

"노병은 죽지 않는다. 다만 사라질 뿐이다."

맥아더 장군의 고별사를 떠올려 봅니다. 생사를 함께했던 전우들은 이 말을 듣고 어떤 생각을 했을까요? 아마 지금의 제 심정과 비슷할 것 같습니다.

때는 1996년 12월 29일 일요일이었습니다.
하루 전날인 28일 저녁, 교사 임용 최종 합격 소식을 듣고 기쁜 마음에 부모님을 모시고 학교를 찾았습니다. 저의 젊음을 바쳐 근무할 학교를 부모님께 보여드리고 싶어서요. 일요일이었기에 학교에는 아무도 없을 줄 알았습니다. 그런데 그게 아니었습니다. 본관 건물 앞에 서 있던 우리 일행에게 30대 중반으로 보이는 남자가 갑자기 다가와 말을 걸어왔습니다. 덩치는 산만 했고 배는 불룩 나왔으며, 머리는 약간 스포츠머리에 가까울 정도로 짧았고, 주황색 트레이닝 바지를 입고 말입니다.

"무슨 일로 오셨습니까?"
"이번에 이 학교 교사 공채에 최종 합격한 사람입니다. 학교 구경하러 왔습니다."

돌아오는 길에 아버지가 제게 누구냐고 물으시더군요.

"잘 모르겠어요. 수위 아저씨인 것 같은데요."
"학교가 커서 그런지 수위 아저씨도 큰 사람을 뽑았구나."

그때는 몰랐습니다. 그 사람이 바로 배종원 선생님이었다는 걸. 며칠 후, 신임 교사 연수 때 부장교사들이 들어오셨는데, 학생 부장으로 들어오셔서 깜짝 놀란 기억이 있습니다.
이것이 배종원 선생님과 저와의 첫 만남이었습니다. 그 당시는 남자 선생님들만 돌아가면서 주말에 당직 근무를 섰었죠. 일주일 내내 밤 11시까지 학생들을 강제로 야간자율학습 시키고, 주말에도 쉬지 못하고 학교에 출근했던 시절이었습니다. 그 후로 1년의 세월이 흐른 어느 날, 저녁 6시 30분. 남교사 휴게실에서 선생님과 단둘이 담배를 나눠 피웠던 적이 있습니다.[40] 그때 선생님은 제게 이렇게 말씀하셨죠.

"장 선생, 난 말이야. 지금, 이 시간이 하루 중에 제일 좋아. 정신없이 하루를 보내고 저녁을 먹고, 이렇게 여유 있게 담배 한 대를 태울 수 있는 이 시간이 말이야."

저는 그때 갑자기 군대에서 저녁밥을 먹으러 갈 때마다 힘차게 불러재꼈던 〈팔도 사나이〉라는 군가 가사가 떠올랐습니다.

"보람찬 하루 일을 끝마치고서~ 두~ 다리 쭉~ 펴면 고향의 안방. 얼싸 좋다 김 일병, 신나는 어깨춤 우리는 한 가족 팔도 사나이!"

---

40 지금은 있을 수 없는 일이지만 그 당시에는 교내 교사 흡연실이 있었음.

그렇게 우리는 학교 안에서 전우 같은 존재들이었습니다. 가족보다 더 많은 시간을 함께 보냈으니까요.

또 언젠가는 제가 우리 반 아이들과 교실에서 야간자율학습 시작을 기다리고 있을 때, 교내 방송으로 이렇게 말씀하신 적도 있습니다. 그때는 육성으로 방송을 참 많이 하던 시절이었습니다.

"잠시 후 야간자율학습이 시작됩니다. 학생들은 지금 즉시 입실하여 자율학습에 임해 주기 바랍니다. 운동장에 있는 학생들! 지금 즉시 입실합니다!"

여기까진 좋았습니다. 늘 하던 멘트였으니까요. 그런데 그다음이 문제였지요.

"학생들은 자율학습 시간에 리모컨을 귀에 꽂고 음악을 들으며 공부해서는 안 됩니다."

리모컨을 어떻게 귀에 꽂죠? 이어폰이라면 몰라도. 교실에서 학생들과 한바탕 웃었지요. 선생님도 '이어폰'을 '리모컨'이라 잘못 말했다는 사실을 알아채시고는 잠시 멘트를 안 하셨죠. 웃음을 참으려고….

　그 살벌했던 시절, 소소하게 웃을 수 있는 추억도 만들어 주신 것 같습니다. 선생님의 목소리가 스피커를 통해 흘러나올 때는 '참 목소리가 좋다.'고 느끼기도 했습니다. 또 복도를 지나가다가 판서하시는 모습을 보며 '칠판 글씨도 어쩌면 저렇게 덩치에 안 맞게 아기자기하게 잘 쓸까?' 하기도 했죠.

　모두가 부담스러워하던 장애 학생의 담임을 기꺼이 자청해 맡으셨죠. 체육대회 반별 계주가 있던 때였습니다. 바통을 그 장애인 학생에게 쥐여 주고, 휠체어를 뒤에서 힘껏 미시며 결승점에 꼴찌로 들어오면서도 행복해하시던 모습을 저는 지금도 잊을 수가 없습니다.

　그 많은 선생님의 모습들을 어떻게 이 조그만 지면에 다 담을 수 있겠습니까? 선생님은 언제나 화려한 꽃보다는 들판의 이름 없는 꽃들에게 더 사랑과 관심을 베풀어 주신 진정한 스승이셨습니다.

　그랬던 시간이 엊그제 같은데….

　학교의 개국공신으로서 생사고락을 함께해 온 시간이 어느덧 30년이 넘었다니 믿기지가 않네요. 노장의 떠남을 아쉬워하면서도, 나도 한때 저런 분과 함께했다는 사실이 자랑스러워 경의와 고마움의 박수를 보내드립니다. 늘 후배들에게 베풀어 주신 아량과 배려의 마음 간직하며 저 또한 그런 선배가 되도록 노력하며 살겠습니다. 아름다운 들꽃으로 기억하겠습니다. 그간 고생 많으셨습니다. 인생 후반전 멋지게 시작하시고 늘 건강하시길 기원합니다.

개인적으로 한 마디 덧붙이자면,

"형님, 이제 수업 안 하니까 시간 많잖아요. 나랑 낚시 친구로 계속 만납시다."

장 교주 두 손 모음

매일 아침 마주하는 아이들의 눈빛, 수업 후 교실에 남아 울던 아이의 뒷모습, 무심한 듯 다정한 동료의 한마디까지. 학교라는 공간에서 펼쳐지는 일상을 따스한 시선으로 생생히 담아낸, 우리가 놓치지 말아야 할 '사람'을 향한 기억의 기록이자 한 교사가 걸어온 교육의 비망록.

— 이승은(교사)

에스프레소맨

미담 릴레이 스물아홉 번째 이야기

대화 1

"행정실장님, 이번 달 급여 명세서를 보니 불우이웃 성금으로 만 원이 공제되었더군요. 사전 안내가 없어서 여쭤봅니다."

"왜요? 불우이웃에게 만 원 기부한다는데 그게 그렇게 아까우세요?"

"아, 아니 그래서가 아니라…."

대화 2

"실무사님, 이거 이번 행사 때 사용할 플래카드를 파일로 만든 겁니다. 플러터로 한 장만 뽑아주시면 감사하겠습니다."

"이런 건 선생님이 하셔야죠. 제가 할 업무는 아닙니다."

혹시 '에스프레소맨'이라는 말을 들어본 적 있으신가요?

카페에는 다양한 커피들이 있지만 그 많은 커피 중에 유독 잘 안 팔리는 커피가 있습니다. 아주 적은 양이고, 처음 먹는 사람들에게는 맛이 너무 쓰기 때문이죠. 그 커피 이름은 바로 '에스프레소(Espresso)'입니다. 하지만 커피 전문점이라면 어디나 이 인기 없는 커피가 메뉴판에 우직하게 자리하고 있습니다. 마치 당연히 있어야 할 기본처럼 말이죠. 왜일까요?

에스프레소 베리에이션(Espresso Variation)[41]

아메리카노: 에스프레소 + 뜨거운 물

꼰빠냐: 에스프레소 + 휘핑크림

카푸치노: 에스프레소 + 스팀 밀크 + 우유 거품 + 계핏가루

카페모카: 에스프레소 + 스팀 밀크 + 초코시럽

카페라떼: 에스프레소 + 스팀 밀크

---

41 에스프레소를 기본으로 하여 다양한 방식으로 변형·응용한 커피 음료들. 물, 우유, 시럽, 크림 등을 어떻게 더하느냐에 따라 수많은 변주가 만들어짐.

이처럼 에스프레소라는 녀석은 들어내지 않고 조용히 모든 커피를 뒷받침하고 있습니다. 화려하지 않기에 더 깊고, 조용하기에 더 강한 가치. 그것이 에스프레소의 진짜 맛일지 모릅니다.

커피뿐 아니라 사회 곳곳에서도 에스프레소 같은 사람들이 있습니다. 우리가 무심히 지나치는 청소 노동자, 새벽을 여는 택배 기사님. 스포트라이트가 비껴간 곳에서 묵묵히 제 소임을 다하는 이들. 크게 인기 있는 사람은 아니지만 누군가에게 꼭 필요한 사람. 타인과 협력할 때 더 큰 능력을 발휘하는 사람. 빛나는 스타는 아니지만 뒤에서 스타를 존재하게 하는 이들. 그들이 바로 사람들 사이의 '에스프레소맨'이라고 합니다.

청룡영화상 남우주연상을 수상한 영화배우 황정민은 수상 소감에서 이렇게 말했죠.

"저는 항상 사람들한테 그래요. 일개 배우 나부랭이라고. 왜냐하면 60여 명 되는 스태프들과 배우들이 멋진 밥상을 차려놔요. 그러면 저는 그냥 맛있게 먹기만 하면 되는 거거든요. 근데 스포트라이트는 지금처럼 제가 다 받아요. 그게 너무 죄송스러워요."

– 황정민

자신의 영광을 에스프레소맨에게 돌리는 기막힌 수상 소감 아닐까요?

우리 학교에도 이런 에스프레소맨이 있습니다. 교육 활동을 지원해 주는 행정실 주무관 선생님, 행정실무사 선생님. 밤에 학교를 지키시는 당직 기사님, 매일 아침 교문 앞에서 학생들의 등교 안전을 지켜 주시는 아저씨. 학교를 깨끗하게 청소해 주시는 여사님, 맛있는 급식을 만들어 주시는 영양사님과 여사님들. 매일 모든 사람이 빠져나간 후 학교 구석구석 소독해 주시는 아저씨 등.

보이지 않는 곳에서 꿋꿋이 자리를 지켜주시는 이들 에스프레소맨이 있기에 우리 선생님들이 안전하고 깨끗한 학교에서 맛있는 급식을 먹으며 교육에 전념할 수 있는 것이 아닐까요? 어쩌면 우리 평교사들도 힘 있고 권력 있는 사람은 아니지만 묵묵히 현장에서 열심히 가르치는 교육계의 에스프레소맨일지도 모릅니다.

'대화 1'은 제가 다른 학교 근무할 때 직접 들은 말이고, '대화 2'는 다른 학교에서 근무하시는 선생님께 들은 내용입니다. 저는 단 한 번도 우리 학교 주무관님이나 행정 실무사님들이 이와 같이 비아냥대거나 짜증 내는 말투를 들어 본 적이 없습니다. 필요한 것이 있어 부탁드리면 항상 친절히 도와주셨습니다.

학교 현장의 에스프레소맨! 여러분 모두를 응원합니다.

에스프레소맨 장 교주 두 손 모음

> 당연하다고 생각한 것들에 대한 소중함을 일깨워 주고, 학생들의 꿈을 위한 응원과 지지, 동고동락하는 동료 교사 간의 도움과 협력의 사례들을 담고 있는 책입니다. 학생과 교육의 성장을 기대하는 모든 이들에게 마음 뭉클한 감동을 전해 주리라 믿습니다.
>
> — 김양화(교사)

> 선생님이 가끔 보내주시는 미담 사례로 직장 생활의 위로를 받는 1인입니다. 쭉쭉 승진이 가능한 직장, 꽉꽉 지급되는 성과금이 기대되는 직장은 아니지만, 가뭄에 단비처럼 보내주시는 미담 사례는 내가 근무하는 곳이 품고 있는 온기 같아서 다른 직장의 부러움을 잊을 수 있는 순간이지요. 퇴직하시면 앞으로 선생님의 미담 사례를 더 읽을 수 없게 될 것 같아 슬플 것 같습니다. 소중하게 간직하겠습니다.
>
> — 이진성(행정실 주무관)

불합격 선물?

미담 릴레이 서른 번째 이야기

정오남 선생님은 장학사 시험을 앞두고 걱정이 많았습니다.

'불합격하면 창피해서 어떡하지?'
'동료 선생님들이 날 좋게 평가해 주실까?'

선배 교사들이 이런 이유로 남몰래 준비하거나 포기하는 모습을 봐왔던 터라 선뜻 결단을 내리기가 어려웠습니다. 마침내 용기 내어 도전해 보기로 결심하고 열심히 준비했습니다. 학교 업무에는 소홀함이 없도록 최선을 다했고, 매주 주말에는 스터디 카페나 도서관에서 아침 일찍부터 밤늦게까지 시험공부에 매진했죠.

한편, 떨리는 마음으로 동료 교사들에게 자신의 평가를 부탁한다는 내용의 메시저 글을 몇 번이고 고쳐가며 작성했습니다. 친한 동료에게 자문도 구하고, 어떻게 하면 선생님들이 최대한 부담 없이 자신을 평가해 줄지 고민하면서요. 동료 평가에서 60% 이상 좋은 평가를 받지 못하면 전문직 시험 응시 자격 자체가 안 되기 때문에 걱정도 되었습니다. 이렇게 되면 자신이 전문직에 도전한다는 사실이 전 교직원에게 공식적으로 알려지기에 부담도 컸습니다. 그런데 막상 메시저를 보낸 결과 60% 이상의 좋은 결과는 물론이고, 많은 동료에게 생각하지도 못했던 응원과 격려를 받았습니다.

"선생님의 도전을 응원합니다. 꼭 합격하세요."
"선생님의 도전이 멋집니다. 잘 되시길 빕니다."

결국 정오남 선생님은 동료들의 전폭적인 지지를 등에 업고 본 시험에 응시했지만, 결과는 아쉽게 불합격이었습니다. 하지만 선생님은 괜찮았습니다. 몇 가지를 얻었기 때문입니다. 이렇게까지 넘치는 응원을 보내주는 동료들을 보며, 자신이 나름 학교생활을 잘해 왔다는 생각이 들었습니다. 또한 시험 준비 과정에서 새롭게 알게 된 교육 관련 지식도 많았습니다.

정오남 선생님은 잠시 꿈을 위해 도전했던 자신에 대한 대견함과 동료 교사들의 응원을 잊지 않기로 했습니다. 그래서 전 교직원에게 호두과자를 사서 일일이 선물해 드렸습니다. 급식실 영양사님과 식당 여사님들, 그리고 청소하시는 여사님에게까지.

"어머, 감사해요. 제가 이 학교에 속해 있다는 소속감을 느끼게 해주셔서 고맙습니다."

청소하시는 여사님이 하신 말씀입니다.

저는 지금까지 근무하면서 수많은 호두과자와 떡 등을 결혼 답례품으로 받았지만, 이렇게 시험에 불합격했다는 이유로 호두과자를 받아먹은 일은 이번이 처음인 것 같습니다.

무언가에 도전하거나 기쁜 일은 함께 공유했으면 좋겠습니다. 미리 걱정하지 말고 사람들에게 말해 보세요. 그리고 진심으로 부탁해 보세요. 의외로 당신을 응원하는 마음들이 더 많다는 것을 알게 될 겁니다. 정오남 선생님에게 있어 불합격이야말로 동료들의 응원을 확인하는 맛있는 실패였네요. 그런데 이상하죠? 왜 저는 평소보다 호두과자가 더 달게 느껴졌을까요? 아마도 정오남 선생님이랑 더 오래 근무할 수 있게 된 게 좋아서였던 것 같습니다.

장 교주 두 손 모음

> 학교를 다양한 시선으로 바라보며 재미를 더하기 위해 노력하시는 장 선생님의 책을 도서관 북 큐레이션 도서로 강력히 추천합니다.
> – 윤채원(사서 교사)

숫자보다 마음

#미담 릴레이 서른한 번째 이야기

얼마 전, 학교 친목회 주관으로 송년의 밤 행사가 열렸습니다. 저는 친목회장으로서 행사를 준비하며 걱정이 많았습니다.

'과연 선생님들이 부담 없이 즐겁게 참여하실 수 있을까?'
'전문 MC까지 초청했는데, 분위기 가라앉으면 어쩌지?'

보통 학교에서 외부인을 초청하여 행사를 진행할 때, 교사들이 가장 까다로운 청중이라는 말을 흔히 듣습니다. 반응이 적고 적극적으로 나서는 경우가 드물기 때문입니다. 저라도 나서서 분위기를 띄워야 하는데, 행사 당일 코로나에 걸려 참석하지 못하고 말았습니다. 행사 진행 상황이 궁금해 애가 타고 있던 밤, 갑자기 실시간으로 카톡 알림이 쏟아지기 시작했습니다.

"선생님, 완전 대~박. 오랜만에 즐겁게 보냈습니다."
"오늘 즐거운 시간을 선생님과 함께 못해 아쉽습니다."

어떤 선생님은 동영상과 사진을 보내 주셨고, 어떤 선생님은 무대에 나가서 열심히 참여해 주시고, 심지어 어떤 선생님은 이런 말씀까지 하셨답니다.

"이번 행사를 보면서 내년에 저라도 뭔가 나름의 도움을 드리고 싶어요."

진행을 맡았던 MC는 행사가 끝나고 말했다더군요.

"이렇게 잘 놀고 호응이 좋은 선생님들인데, 왜 사전 협의 때 그렇게 조심하라고 겁을 주셨나요? 괜히 분위기 못 띄울까 봐 걱정했잖습니까. 하하."

생각지도 못했던 많은 분의 호응과 격려, 그리고 칭찬에 코로나로 아팠던 몸이 다 나은 듯 기뻤습니다. 그래서 그때 친목회장을 내년에 한 번 더 하기로 마음먹었습니다.

솔직히 저는 평소에 이런 생각을 하곤 했습니다.

'이제 우리 학교 전체 단합은 물 건너갔지. 예전 같지 않을 거야. 다 각자도생, 뿔뿔이 쪼개지고, 친한 사람끼리만 놀고.'

그런데 잘못된 생각이었습니다. 그래서 마음을 고쳐먹었습니다.

'진정한 단합은 무조건 구성원 모두 다 함께 무엇을 하는 것이 아닌 것 같다. 숫자가 중요한 게 아니라 팀워크가 훨씬 더 중요하지. 뿔뿔이 쪼개지고 각자도생? 친한 사람끼리? 이게 뭐 어때서? 당연한 거 아닌가? 나조차 모두를 좋아하지 않으면서 어째서 모든 사람이 나를 좋아해 주길 바라겠는가?'

기업체에 다니는 친구들의 이야기를 들어보면, 그래도 학교는 인간적인 향기를 풍기는 분들이 많은 조직입니다. 판매 성과나 진급을 위해 동료끼리 치열하게 경쟁하는 구도는 아니니까요. 학교라는 곳은 본질적으로 '함께 성장하는 삶'을 가르치는 곳이니까요.

  제가 근무하는 2층 교무실만 봐도 그렇습니다. 1년 내내 서로 어려운 일을 도와주려 하고, 기쁜 일은 함께 기뻐해 주시는 모습을 많이 봤습니다. 끊임없이 누군가 간식을 챙겨 선생님들 책상 위에 올려놓곤 합니다. 어느 학교나 비슷하죠. 중요한 건 몇 명이 함께 하느냐가 아니라, 얼마나 진정성 있게 서로를 바라보며 마음을 나누느냐에 있습니다. 숫자는 금세 흩어지지만, 마음은 오래 남습니다. 힘든 교육 환경이지만 버틸 수 있는 건, 구성원 전원은 아닐지라도 가족처럼 가까운 선생님들끼리 서로 도와주며 생활할 수 있기 때문일 겁니다.

  벌써 올해도 얼마 남지 않았습니다. 한 해 잘 마무리하시고 내년에는 친한 사람들끼리 더욱 친해지셔서 짜증 나고 힘든 학교생활, 즐겁고 재미있게 보냈으면 좋겠습니다. 올해는 기쁜 일보다 슬픈 소식이 너무 많아서 마음이 무거웠습니다. 내년에는 건강하시고 우리 선생님들 가정에 경사가 더 많이 깃들기를 진심으로 기원합니다.

친목회장 장 교주 두 손 모음

스쳐 가는 일상을 따뜻한 시선과 특유의 입담으로 풀어낸 책. 일상이 쌓여 인생이 되기에, 그 안에서 본질적 가치를 찾아가는 여정은 나를 삶의 깊은 곳으로 안내합니다.

— 박웅기(교사)

'굳이'라는 놈

미담 릴레이 서른두 번째 이야기

그날은 방학식을 하는 날이었습니다. 늘 해오던 행사라 특별한 것도 없는데 다른 해와 다른 게 하나 더 있었습니다. 바로 석면 공사 때문에 교무실 개인 짐을 정리하느라 정신없었던 하루였죠. 5층으로 짐을 옮기던 배민아 선생님은 우연히 복도에서 저를 만납니다.

"어! 부장님, 혹시 노트북 전원선 잃어버리지 않으셨나요? 제가 저희 반 정리하는 데 전원선이 있길래 아이들에게 물어봤더니 부장님 거라고 하던데. 아마 수업하러 오셨다가 깜빡하고 두고 가신 거라고요. 간혹 그러셨다고 하더라고요. 제가 잘 챙겨서 제 책상 위에 올려놓았습니다."

"아! 그래요? 내가 전원선이 없어진 줄도 모르고 있었네요. 챙겨 주셔서 감사합니다. 이따 쌤 책상으로 가지러 갈게요."

학교에서 받은 노트북이 오래된 터라 전원선이 없으면 부팅이 안 돼 업무를 처리할 수 없는 지경이었습니다. 원격업무지원 시스템(EVPN)[42]까지 결재받아 놓았는데, 정작 집에서 업무를 보려 할 때 전원선이 없다는 사실을 알았다면 얼마나 낭패였을까를 생각하니 정말 고맙게 생각되더군요.

방학식 날은 새 학년도 신임 부장교사들이 1박 2일 연수를 가는 날이기도 했습니다. 학생 부장인 저도 준비를 마치고 떠나기 직전, 전원선이 생각나 다시 교무실로 뛰어 올라갔습니다. 다른 선생님들은 모두 퇴근하고 아무도 없었습니다. 그런데 배민아 선생님 책상 위에 있어야 할 전원선이 보이지 않았습니다. 혹시 다른 책상에 있는지 교무실 전체를 꼼꼼하게 살펴보았지만 찾지 못했습니다. 할 수 없이 다시 배민아 선생님께 전화했습니다.

"선생님, 아까 선생님 책상 위에 올려놓았다고 하지 않았나요?

---

42 집이나 외부에서도 학교나 교육청 내부 네트워크에 안전하게 접속해서 업무를 할 수 있게 해 주는 온라인 통로.

아무리 찾아봐도 없어요."

"어? 분명 올려 두었는데…. 혹시 창틀에도 안 보이시나요? 어떡하죠? 제가 분명히 거기 두고 퇴근했는데. 직접 전해드렸어야 했는데 죄송해요."

나이가 들수록 자꾸 깜빡깜빡하는 제 자신이 너무 답답하게 느껴졌습니다. 교실에 들고 들어갔던 텀블러를 놓고 나와 학생이 가져다준 일도 몇 번 있습니다. 저는 어디에 두었는지 몰라 찾고 있는데 말이죠.

무거운 마음으로 부장 연수길에 올랐습니다. 혹시나 해서 행정실 주무관님께도 전화해 봤지만 이미 짐을 다 포장해 놓은 상태라 남는 전원선을 찾을 수가 없다는 대답만 들을 수 있었습니다. 다른 선생님들에게도 카톡을 보내봤지만 다들 못 봤다는 대답만 돌아왔죠. 마침 부장 연수를 함께 가는 박기석 선생님께 사정을 말했습니다.

"알았어요. 혹시 제 짐인 줄 알고 같이 담아서 포장했을 수도 있으니 내일 부장 연수 마치고 학교에 돌아오면 찾아볼게요."

'만약 없으면 어떡하지?'라고 걱정하고 있는 제 모습을 옆자리에서 지켜보던 곽충훈 선생님이 말하더군요.

"노트북이 혹시 삼성 제품인가요? 그럼, 제가 예전에 사 두었던 게 하나 있는데 내일 학교에 돌아오면 드릴게요. 너무 걱정하지 마세요."

"아 정말? 고마워요. 곽 선생 덕에 방학 동안에 업무를 볼 수 있겠네."

다음날 연수를 마치고 학교에 도착하자마자 두 명의 선생님은 각각의 임무(?) 수행을 위해 공사로 먼지 가득한 본관 건물 안으로 뛰어 들어갔습니다. 얼마의 시간이 흘러 박기석 부장이 빈손으로 돌아와서는 저에게 한마디 하더군요.

"찾아봤는데 없어요. 그런데요 형님이 못 챙긴 거니까 배민아 선생님한테는 직접 전해 주지 않았다고 뭐라 하지 마요. 그 쌤 잘못 없으니까."

다행히 곽충훈 부장 손에는 전원선이 들려 있었습니다. 저 때문에 굳이 포장해 놓은 박스를 다시 뜯어 찾아본 두 분의 노고가 고맙고 미안할 따름이었습니다. 어찌 되었든 해결되었기에 가벼운 마음으로 집으로 돌아왔습니다.

저녁 6시.

갑자기 함박눈이 펑펑 내리기 시작합니다. 저는 아내가 운영하는 카페에서 핸드드립 커피 한 잔을 내려놓고, 혼자 책을 읽다가 한동안 멍하니 창밖을 바라보고 있었습니다. 오랜만에 정말 아름답게 내리는 눈에 시선을 사로잡혀 버렸기 때문이지요. 바로 그때였습니다. 누군가 엄청나게 내리는 눈 속을 뚫고 헐레벌떡 달려와 카페로 뛰어 들어오더군요. 손님인 줄 알았는데 그의 손에는 낯익은 전원선이 들려 있었습니다. 바로 유창준 선생님이었습니다.

"이거 아냐? 선생님 꺼? 내가 집에서 짐을 푸는 데 있길래. 내 짐인 줄 알고 같이 쓸어 담았나 봐."

너무 갑작스럽기도 하고 고맙기도 해서 커피라도 한잔 대접하려고 했지만, 유창준 선생님은 괜찮다며 바로 다시 뛰어나가더니 금세 사라졌습니다. 잠시 동안의 소란이 끝나고 다시 혼자 커피를 마시며 생각에 잠깁니다.

'그러고 보면 선생님들은 참 착하다.'

배민아 선생님이 '굳이' 챙기지 않았다면 저에게 죄송하다고 말할 일도 없었겠죠.

곽충훈 선생님이 '굳이' 전원선을 하나 더 갖고 있다고 말하지 않아도 상관없었을 겁니다.

박기석 선생님이 '굳이' 다시 교무실로 뛰어 들어가 포장된 짐을 뒤적이지 않아도 되고요.

유창준 선생님이 '굳이' 그 눈을 뚫고 일부러 카페까지 가져다주지 않았어도 누가 뭐라 할 사람 없습니다. 그냥 제가 새로 구입하면 되니까요. 하지만 '굳이'라는 이 성가신 놈을 마다하지 않는 동료들이 고마웠습니다. 어느새 저는 2개가 된 전원선 부자가 되어 있었습니다.

다시, 내리는 함박눈을 바라봅니다.
왠지 아까보다 더 포근하고 아름답게 느껴집니다.

장 교주 두 손 모음

평범하지만 소중한 하루. 선생님과 제자 사이에 오가는 따뜻한 이야기. 웃음 짓게 하는 순간도, 가슴을 찡하게 하는 장면도 있지만 결국 이 책은 학교에 아직 희망이 있다는 믿음을 전하고 있다. 교사에게는 초심을, 학부모님에게는 학교를 보는 따뜻한 시선을, 우리 모두에게는 '사람을 키우는 일'의 가치를 일깨워 주는 책이다. 마지막 장을 덮으며 아이들이 '선생님~'이라고 불러줘서 나는 참 행복한 사람이라는 걸 새삼 깨닫는다.

— 박지영(교사)

어느 뽀리꾼의 자수

미담 릴레이 서른세 번째 이야기

예~ 맞습니다. 제가 바로 그 뽀리꾼[43]입니다. 1층 교무실 냉장고에 있는 아이스크림 1개를 뽀려서[44] 먹었습니다.

매우 더운 날이었습니다. 갑자기 학교폭력 사건이 터지고야 말았습니다. 학생 부장인 저는 짜증 나고, 날도 덥고 해서 달디단 냉커피나 한잔 마시려고 2층 교무실에 있는 제빙기 뚜껑을 열었습니다. 그날따라 얼음도 없더군요. 하는 수 없이 1층 교무실로 내려가 냉동실을 열자, 제 눈에 얼음보다 먼저 들어온 건 아이스크림이었

---

43 뽀리꾼(비속어): 남의 물건을 훔치는 사람.
44 뽀리다(비속어): 남의 물건을 훔치다.

습니다. 그래서 나도 모르게 묻지도 않고 한 개를 집어 들고 먹기 시작했습니다. 마침 근처에 있던 교무부장 선생님이 미소 지으며 저를 지켜보고 있더군요. 무안하기도 해서 그분에게 물었습니다.

"이건 무슨 아이스크림?"
"아~ 박부식 선생님이 사 넣으신 거예요. 1층 선생님들 드시라고."
"1층 선생님들?"

아이스크림의 달콤함에 취해 그때는 그냥 흘려들었습니다. 그리고 하루가 지나 우연히 교감 선생님을 만났습니다.

"학생 부장님 1층 교무실 냉장고에 아이스크림 있으니 드세요."

저는 모르는 척 말했습니다.

"예? 무슨 아이스크림요?"
"글쎄 얼마 전, 느닷없이 박부식 선생님이 메시지를 보내셨지 뭐예요. 수행평가랑 지필평가 출제로 바쁘신 선생님들 드시라고. 날도 덥고 짜증 날 것 같아 자기가 사서 채워 놓았다고. 내가 아차 싶더군요. 별거 아닌 것 같지만 교감인 내가 해야 할 역할 같은데. 감사하기도 하고, 뭔가 기회를 빼앗긴 것 같기도 하고. 그래서 내가 다음부터는 절대 그렇게 하지 말라고 했어요. 나에게도 기회를 달라고. 그리고 감사하고 미안해서 그분께 기프트 쿠폰 하나를 보내드렸죠."

아이스크림을 훔쳤던 저는 뒤통수를 한 대 맞은 것 같았습니다. 난 짜증 난다고 아무 생각 없이 집어먹었는데, 누군가는 똑같이 힘든 상황 속에서도 동료를 생각하며 냉동실에 아이스크림을 채워 놓습니다. 그러자 갑자기 아주 옛날 아이스크림에 얽힌 일이 떠올랐습니다.

우리 학교가 개교한 지 얼마 안 되었던 때, 교직원이 60명밖에 없어 본관 1층 교무실에 전 교직원이 모여 있던 시절입니다. 왜 그랬는지는 잘 모르겠는데 그때는 새 차를 구입하면 반드시 전 교직원에게 아이스크림을 쐈습니다. 선생님들은 삼삼오오 모여 밖으로 나가 아이스크림을 먹으면서 그 선생님이 새로 산 차를 구경하며 축하해 주기도 했었죠. 그래서 그때는 차종만 보면 누구 차라는 걸 다 알고 있었습니다. 그랬던 풍습이 있었는데 지금은 너무 오래된 옛날이야기가 되어 버렸습니다.

넛지효과[45]였을까요? 교감 선생님의 말을 들으며 반성도 되고, 짜증 났던 기분도 좋아졌습니다. 그래서 이렇게 공개 자수하기로 마음먹었습니다.

"박부식 선생님, 저는 1층 교무실에 근무하지도 않는 교사인데 선생님께 허락도 구하지 않고 아이스크림을 그냥 한 개 훔쳐 먹었습니다. 잘못했습니다. 그리고 존경합니다. 저 용서해 주실 거죠?"

박부식 선생님의 메시지 전문

1층 교무실 선생님들께.
수행평가 진행하시랴, 지필평가 출제, 검토하시랴 바쁘시죠?
오늘도 낮 기온이 30도 가까이 치솟는다고도 하고,
매점에 아이스크림 냉동탑차가 들어오는 것도 보이고 해서
싱싱한(!) 아이스크림을 1층 교무실 냉장고에 채워 놨습니다.

---

45 타인의 행동을 올바르게 유도하는 부드러운 개입.

공강시간, 점심시간 덥고 입 심심할 때 하나씩 드셔요.

오늘도 평안한 하루 되십시오.

늘 감사합니다.

장 교주 두 손 모음

> 장 선생님의 두 번째 작품인 이 책은 학생의 작은 미소, 교사의 따뜻한 한마디, 동료의 묵묵한 헌신이 세상을 어떻게 바꾸는지 보여 주고, 교사로 산다는 것의 의미를 다시금 깨닫게 합니다. 언제나 좋은 영향력으로 남아계실 선생님을 존경과 감사의 마음으로 응원합니다.
>
> — 엄보용(교사)

정년퇴임의 조건
이선자 선생님의 퇴임에 즈음하여
\# 미담 릴레이 서른네 번째 이야기

"장 선생, 내년까지 하고 명예퇴직한다며? 나 얘기 들었어. 선생 그만두고 나가서 뭐 하게? 장 선생 같은 사람이 정년까지 가야지. 무슨 소리야? 무조건 정년까지 해."

"선생님은 수업이 재미있으세요?"

"당연하지. 너무 재미있어. 이제 마지막 학기라고 생각하니 수업 한 시간, 한 시간이 너무 소중해. 정년만 아니면 더 하고 싶은걸."

복도에서 우연히 만난 이선자 선생님과 나눈 대화입니다. 8월에 정년퇴임을 앞둔 선생님은 제가 명예퇴직 생각하고 있다는 말을 듣고 깜짝 놀라 말씀하셨지요. 마음이 소녀 같고 여린 분이라 참

놀랄 일도 많으신 분입니다. 보람과 자긍심이 있는 최고의 직업을 정년도 못 채우고 일찍 그만두겠다는 후배가 너무 안타까웠나 봅니다. 그런데 정작 이선자 선생님과 대화하면서 더 깜짝 놀란 사람은 오히려 저였습니다.

'어쩌면 저 나이에 아직도 수업이 재미있다고 하실까?'

수업 한 시간 한 시간이 재미있고 소중하게 느껴진다는 말이 제 뒤통수를 때렸습니다. 처음 교사가 되어 교실에 들어갈 때의 설렘과 흥분을 간직한 채 정년까지 갈 수 있다니. 아무리 교육 현장의 세태가 변하고 상황이 바뀌었다고 해도, 수업을 소중히 생각하고 학생들을 위해 수고를 아끼지 않는 교사의 표상. 이런 선생님들 덕에 그래도 좋은 영향을 받고 훌륭하게 자신을 성장시키는 학생들이 있는 것이겠죠. 나는 '아이들 가르치기가 예전보다 너무 힘들어. 생활지도도 힘들고, 교육 활동에 너무 제약이 많아.'라며 명예퇴직해야 하는 명분과 이유를 끝도 없이 찾고 있었는데….

지난 화요일. 이선자 선생님은 교실에 들어간 순간, 또 한 번 깜짝 놀라셨습니다.

"선생님, 오늘이 마지막 수업이네요."
"선생님과는 봄하고 여름만 함께 보냈지만 이렇게 헤어진다니 너무 슬퍼요."
"행복하시고 건강하세요."
"정년퇴임을 축하드려요."

칠판은 사랑스러운 메시지로 가득 차 있었고, 교탁 위에는 자그마한 케이크와 학생들이 직접 만든 샌드위치가 놓여 있었습니다. 그리고 TV에서는 이선자 선생님을 위해 학생이 제작한 동영상이 시작되었습니다. 선생님은 감동으로 하염없이 눈물을 흘렸고, 그 모습을 바라본 학생들도 따라 울었습니다. 그동안의 교직 생활이 순간 주마등처럼 스쳐 지나가며 아마도 이렇게 생각하셨을 것 같습니다.

'그래, 난 누가 뭐래도 선생님이야. 선생님이 된 게 너무 행복했고, 잘 해 왔어.'

울고 있는 이선자 선생님께 은수가 와서 꽃을 드리며 말합니다.

"선생님, 저는 수학을 너무 못했습니다. 그런데 선생님은 그런 저를 한 번도 혼내시거나 무시하지 않으시고 오히려 예뻐해 주셨죠. 감사합니다. 안녕히 가세요."

저도 한 번 생각해 봅니다.
'내 마지막 수업 때도 아이들이 이렇게 깜짝 파티 해 준다면 정년까지 가 볼까?'

장 교주 두 손 모음

> 어려운 시기지만 이 책이 우리 교육에 희망이 있다는 증거가 되기를 간절히 소망합니다.
>
> — 정오남(교사)

낭만 선생의 간절한 기도문

\# 미담 릴레이 서른다섯 번째 이야기

김사부 선생님은 매년, 대학수학능력시험을 보러 가는 제자들을 위해 기도문을 만들어 정성껏 봉투에 담아 학생들에게 나눠 주시고는 이렇게 당부합니다.

"절대로 미리 보지 말거라. 이 봉투는 내일 시험장에 도착하거든 그때 열어 보거라."

수능 시험장에 도착한 학생들은 선생님 말씀대로 조용히 봉투를 열어 보았습니다.

신이여!

저의 존재 가치를 실현해 주고, 교직 생활에 의미를 부여해 주었던 아이들이 이제 시험에 드나이다. 선생이란 이유만으로 저를 존경하고, 그저 학교생활 열심히 했던 착하고 가련한 아이들입니다.

날이 밝으면 그들은 그동안 각자 갈고닦은 '실력'이라는 칼 한 자루만 달랑 들고, '수능'이라는 거대한 적과 치열하게 싸우게 되겠지요. 저는 지금껏 인생을 살면서 이보다 더 치열하게 싸우며 살아왔건만, 왜 제자 일 만큼은 이리도 마음이 아리는지….

각자의 칼 길이는 다를지라도 분명 이기고 돌아오기를.

이 싸움이 한층 더 단단해진 자신을 발견하는 계기가 되기를.

그리고 조금, 아주 조금의 행운이 그들과 함께하길 진정 소망합니다.

언젠가 먼 훗날,

이날의 치열했던 전투 뒤에, 그들의 용기와 배짱에 박수를 보내며 승리를 기원했던 별 볼일 없는 꼰대 선생의 간절한 기도가 있었음을 알게 하시어, 매사에 겸손과 감사의 마음 갖게 하소서.

삼계명!

하나. 쫄지마라.

- 욕심을 버리고 공부한 만큼만 점수를 받겠다는 배짱을 가져라.

둘. 확실하지 않으면 절대 답 고치지 마라.

- 수능 대박은 자신의 실력보다 좋은 점수를 받는 게 아니고, 실수가 없는 것이다.

셋. 전 시간 시험 본 것, 절대 답 맞춰 보지 마라.

- 답을 맞춰 볼 만큼 전 시간 시험을 정말 잘 보았느냐?

저는 이 기도문의 효력으로 학생들이 정말 수능 시험을 잘 보게 된다고 믿지는 않습니다. 하지만 적어도 김사부 선생님의 따뜻한 격려와 응원이 낯선 시험장의 부담을 조금은 덜어 주지 않았을까요?

올해도 대학수학능력시험 날이 점점 다가오고 있습니다. 낭만 티처 김사부 선생님은 아마 이번에도 제자들이 시험을 잘 봤으면 좋겠다는 진심 어린 마음으로 정성껏 기도문을 만들고 계실 것 같습니다.

장 교주 두 손 모음

고등학생 아들을 둔 엄마가 되어보니 제 고교 시절을 종종 추억하곤 합니다. 선생님 덕분에 매우 감사한 추억이죠. 영원히 교직에 계실 것 같았는데, 어느덧 선생님도 퇴직이 얼마 안 남으셨네요. 두 번째 출간을 축하드리며 계속 응원하겠습니다.

— 여선영(3회 졸업)

더치페이의 반전

미담 릴레이 서른여섯 번째 이야기

"내가 낼게!"

"아니야 왜 자네가 내? 내가 낼게."

"허허~ 무슨 소리. 내가 내야지. 내가 쏜다고 했잖아."

이거 무슨 상황인지 감이 오시죠? 술집에서 계산할 때 아저씨들이 서로 자기가 술값 내겠다고 다투는 장면입니다. 가끔 심심치 않게 볼 수 있는 광경입니다. 외국인의 눈으로 볼 때는 전혀 이해가 가지 않는 한국인만의 독특한 문화이기도 하지요.

요즘은 더치페이 문화가 많이 정착되었다고는 하지만, 저는 왠지 인간적이지 않고 뭔가 개인주의적인 문화 같아 어색하기도 합

니다. 이런 생각에 가끔 후배들과 술 한잔할 때,

'이 술값을 선배인 내가 다 내야 하지 않나?'

이렇게 생각하고 계산하려 하면 오히려 후배들이 더치페이하자고 말립니다. 고맙긴 합니다.

조사해 보니 정말로 좋지 않은 의미에서 나온 단어이더군요. 더치페이(Dutch Pay)라는 말은 한국식 영어이고, 영국에서는 더치트릿(Dutch treat)이라고 말합니다. 원래 더치(Dutch)는 네덜란드를 가리키는 말입니다. 17세기 중엽 네덜란드는 영국과 세 번의 전쟁을 치렀는데, 이때부터 영국인들은 '더치'라는 단어에 온갖 부정적인 이미지를 붙이기 시작했다는군요. 그래서 더치트릿은 '네덜란드인은 자기들 것만 계산하는 쩨쩨한 민족이다.'라는 뜻에서 나온 표현이라고 합니다.

얼마 전 위와 비슷한 상황이 술집이 아닌 3학년 교무실에서 일어나고야 말았습니다. 수능을 앞두고 고3 학생들의 적응력을 높여 주기 위해 자체적으로 수능 일과표와 똑같이 훈련하는 '수능적응반'을 운영했습니다. 그런데 제가 본관 건물을 자주 오르내리다 보니 3학년 부장인 윤영현 선생님이 혼자 외롭게 서 계시던 모습을 몇 번 보게 되었습니다. 수능과 똑같은 일과표를 운영해야 하기에 오전 8시경부터 끝날 때까지 하루 종일 혼자 외롭게 임장지도[46]를 하고 있었던 겁니다.

"윤 부장. 왜 혼자 감독을 해? 힘들지 않아?"
"아니오, 괜찮습니다. 3학년 담임 선생님들은 학급 아이들 상담하고, 수업하느라 고생들 하시는데 제가 해야죠."

안쓰럽기도 하고 대견하기도 했습니다.

"그래~ 그게 부장 역할이지. 잘하고 있네. 근데 너무 무리하지는 마세요."

라고 격려해 주었습니다. 그리고 얼마 후, 우연히 3학년 교무실에 들렀는데 윤영현 부장이 미묘한 눈짓으로 저를 부르더니 휴게실 소파로 안내합니다.

---

46 원활한 교육 활동을 위해 현장에서 감독하는 것.

"부장님, 미담 사례 제보하려고요. 수능적응반에서 감독하다가 쉬는 시간에 잠깐 교무실로 내려왔는데 선생님들이 모여서 서로 자기가 하겠다고 다투고 있지 뭡니까? 마치 술집에서 서로 돈 내겠다고 싸우는 것처럼요. 무슨 상황인지 몰라 가까이 갔더니 3학년 부장 혼자 붙박이 감독하는 게 힘들어서 안 된다며 서로 자기가 감독하겠다고 다투던 거예요. 근무표 감독 성명란에 윤영현, 윤영현, 윤영현. 이렇게 계속 적혀 있으니까 그걸 지워 가며 자신들 이름을 적어 넣고 있었습니다. 그 모습이 얼마나 고맙고 행복하던지.
제가 평소 선생님께 자주 말씀드렸지만, 우리 3학년부 선생님들 정말 고맙고 훌륭하신 분들인 것 같아요. 이런 분들과 함께하는 부서장이라는 게 자랑스럽습니다. 이런 것도 미담 사례가 되겠죠?"

다들 학교생활의 여유도 없고, 자기 일만 처리하고 칼퇴근하는 개인주의적인 분위기가 만연해진 요즘입니다. 그런데 수고를 서로 나누려는 동료애와 배려심의 더치페이를 보는 것 같아서 저도 행복했습니다. 불현듯 이런 더치페이라면 오히려 더 인간적일 수 있겠다고 생각했습니다. 혼자 다 짊어지려고 했던 윤영현 부장의 근무를 동료 선생님들이 나누었으니까요. 이왕이면 교사들의 이런 노력에 힘입어 진학실적도 좋았으면 좋겠습니다.

앞으로 후배들과 술 한잔할 때는 인간적인 더치페이 하자고 제가 먼저 제안해야겠습니다.

장 교주 두 손 모음

> 이 글을 통해 오랜만에 사람의 향기를 듬뿍 느껴 봅니다. 덕분에 하루하루 학교에서의 수많은 만남과 그 인연의 소중함을 새삼 깨닫습니다. 저도 이런 눈과 이런 마음을 가지고 제자들, 그리고 동료 교사들과 남은 교직 생활을 해 나가고 싶습니다. 공감과 위로와 치유가 되는 책이기에 여러분께 두 손 모아 추천 드립니다.
>
> – 박부식(교사)

어느 농사꾼의 꿈

#미담 릴레이 서른일곱 번째 이야기

"이 일을 어쩌냐. 일 났네. 일 났어."

어느 여름이었습니다.

몇 해 동안 정성을 들여 키운 샤인 머스캣이 첫 수확을 앞두고 모습을 드러냈을 때, 아마추어 농사꾼 김진회 님의 얼굴엔 깊은 실망이 어렸습니다. 포도알들은 들쑥날쑥하고, 크기도 색도 제각각이었습니다. 그가 바라던 탐스러운 송이의 포도는 아니었습니다. 상품 가치가 전혀 없었죠.

어쩌면 당연한 결과였는지도 모릅니다. 농사는 그의 인생에 처음 있는 일이었고, 그는 그저 주변 농사꾼들이 알려 준 대로만 정직하게 몸을 움직여 왔을 뿐입니다. 하지만 농사란 게 그렇게 간단한 것이 아니었습니다. 수십 년 농사를 지어 온 사람들도 품 안에 숨겨 둔 비밀 하나쯤은 있기 마련이고, 그건 친한 사이라도 쉽게 알려 주지 않는 법이겠지요. 맛집의 레시피를 아무리 따라 해도 그 가게의 맛이 나지 않는 것처럼, 농사에도 '그 사람만의 손맛'이 있는 것입니다.

농사를 망쳤다는 사실은 누구에게나 뼈아픈 일이지만 그가 느끼는 실망은 좀 더 깊은 곳에서 비롯된 것이었습니다. 그는 이 포도를 팔아 돈을 벌 생각도, 생계를 꾸릴 계획도 없었습니다. 그저 자신이 정성껏 기른 이 달디단 포도를 우리 학교 교직원과 학생들에게 나누어 주고 싶었던 것입니다. 그래서 더욱 마음이 쓰였습니다. 왜 힘들게 농사지은 포도를 공짜로 주려고 했을까요?

그는 원래 농사꾼이 아니었습니다. 김진회 님은 우리 학교에서 수학 교사로 재직했고, 마침내 교장으로 정년을 마친 분이었습니다. 오랜 세월, 한결같은 마음으로 학교를 지켜오셨고 퇴임 후 고향 당진으로 내려가 새 삶을 시작하신 겁니다. 그의 교직 시절을 기억하는 이들은 그를 떠올릴 때 '따뜻한 분'이라 말하곤 합니다.

학교에 근무하실 때를 생각해 보면 늘 마음이 따뜻하고 눈물도 많으셨던 것 같습니다. 처음 교감 임명 발표가 있던 날, 소회를 밝히며 전 교직원들 앞에서 눈물을 보이기도 했습니다. 또 갈등이 있던 교사들에게 화해의 자리를 마련해 주고, 두 사람이 웃는 모습을 보며 본인도 덩달아 눈시울을 붉히던 분입니다.

누가 어려운 처지에 있으면 그냥 넘어가는 법이 없었습니다. 심지어 학교에 들어오는 방문 판매원분들이 김진회 선생님께만 가면 누구나 판매에 성공할 정도였습니다. 속된 말로 호구가 되기 일쑤였습니다. 그분들의 구매 부탁을 차마 거절하지 못했기 때문이지요.

정년퇴직하고 나서도 그는 여전히 '선생님'이었습니다. 학교를 떠났지만, 가끔 선생님들 모르게 교내 조경 전지작업을 하러 오시기도 합니다. 또 후배 교사의 퇴임 술자리에 충남 당진에서 올라와 축하해 주는 등 마음은 여전히 학교 안에 머물렀습니다. 그러니 그가 기르던 포도송이 하나하나에도 학생들과 동료 교사의 얼굴이 겹쳐 보였는지 모릅니다.

우리는 학교라는 공간에서 많은 시간을 함께 지냅니다. 그러다 보니 정말 친해지는 사람도 있지만, 얼굴만 마주쳐도 어색한 관계가 되는 경우도 있습니다. 모든 사람과 사이좋게 지내는 건 사실상

불가능한 일이지만, 때로는 그런 고민조차 우리를 지치게 합니다. 언제부터인가 이런 생각이 들었습니다.

'가만히 생각해 보면 모든 구성원과 아주 친하게 지내는 건 불가능한 거 아냐? 왜 꼭 그래야만 하지? 꼭 그럴 필요가 있을까? 억지로 모든 사람과 친해지기 위해 시간과 돈을 쓰기보다 친한 사람과 더 친해지고, 그들에게 더 신경 쓰기 위해 에너지를 할애하는 게 오히려 좋지 않을까?'

그런 면에서 김진회 님은 저보다 훨씬 더 어진 분 같습니다. 정성껏 키운 포도를 전하고 싶어 하는 그 마음은, 어쩌면 지금 우리가 잃어버린 '사람 사이의 정' 그 자체가 아닐까요?

언제일지는 모르지만, 그가 수확한 포도를 맛본다면 정말 감탄할 것 같습니다. 비록 모양은 다소 투박할지 몰라도 그 안엔 분명, 세상에서 가장 달콤한 '정(情)'이 영글어 있을 테니까요.

제발 다음 농사는 꼭 성공하시길….

장 교주 두 손 모음

인생의 단 한 번, 시간과 공간과 인간이 교차하던 그 소중한 순간을 아름다운 이야기로 기록한 장 교주님에게 우리의 과거와 현재, 그리고 미래를 묻는다.

— 오창진(교사)

주인 없는 식판

미담 릴레이 서른여덟 번째 이야기

박기석 선생님은 교무부장[47]이 되었습니다.

그런데 이 양반, 저 개인적으로는 마음에 안 드는 구석이 한두 가지가 아닙니다. 웃음소리는 까마귀가 우는 것처럼 들리고, 제가 뭔가 부탁을 하면, 늘 직설적이고 퉁명스러운 대답이 돌아옵니다. 후배 교사인데 저 말고 다른 선배를 더 좋아하는 것 같기도 합니다. 그런데 그런 박기석 선생님을 제가 마냥 미워할 수는 없습니다. 왜냐하면 그 퉁명함 속에는 따뜻함이 숨어 있다는 걸 알았기 때문입니다. 제가 가끔 컴퓨터 프로그램을 잘 못해서 물어보면 돌

---

47 학교의 학사 일정, 수업 운영, 교원 인사, 공문 처리 등 학교 전체의 행정과 교육 업무를 총괄하는 보직 교사.

아오는 대답은 이렇습니다.

"몰라요. 바쁘니까 나중에요."

보통 이런 경우 거절입니다. 그래서 포기하고 잠시 자리를 비우고 다녀오면 어느새 제자리에 와서 해결해 주고 있습니다. 매몰찬 거절이 아니라 진짜 바빠서 나중에 도와드린다는 뜻이었죠. 뭐 이런 식입니다.

코로나가 한창 기승을 부리던 시절, 박기석 선생님이 2학년 부장을 맡고 있을 때였습니다. 같은 부서 선생님이 확진 판정을 받고 자택에 머무르게 되었습니다. 아무도 만나지 못하고 혼자 고립되어 몸도 아프고 외로운 시간을 보내고 있을 때, 갑자기 메시지 하나가 날아옵니다.

"현관 문고리에 커피랑 디저트 걸어놨으니 나와서 가져가요."

이모티콘도 긴 문장도 없었습니다. 그저 툭 던진 한 줄. 하지만 그 한 줄에 담긴 마음은 쉽게 외면할 수 없는 것이었습니다. 그 메시지를 받았던 선생님이 얼마 전 제게 말하더군요.

"그날, 늘 무뚝뚝하고 거리감 있던 그분에게서 이렇게 따뜻한 배려를 받을 줄은 몰랐어요. 감동이었습니다."

중식 시간이었습니다.
저는 어김없이 학교 식당으로 밥을 먹으러 갔습니다. 식판을 들고 자리에 앉아 막 첫 숟가락을 뜨려던 찰나, 젊은 여선생님 한 분이 식판을 들고 조심스럽게 제 옆에 와 앉았습니다. 조용히 식사를 시작하려던 그 선생님에게 누군가 단호한 목소리로 한마디 합니다.

"선생님, 지금 중식 지도 아니야?"

고개를 돌려보니 박기석 교무부장이었습니다. 그 선생님은 눈이 휘둥그레지더니 바로 숟가락을 내려놓고 황급히 일어나 중식 지도를 하기 위해 식당 밖으로 나갔습니다. 남겨진 건 모락모락 김이 피어오르던 주인 없는 식판 하나. 제 옆자리는 금세 텅 비어 버렸습니다. 그 모습을 바라보며 저는 속으로 중얼거렸습니다.

'그냥 좀 두지. 굳이 왜 근무 이야기를 해서 밥도 못 먹게 하지?'

괜스레 박기석 선생님을 째려보았습니다. 그는 아무 말 없이, 묵묵히 식사를 이어가고 있었습니다. 그런데 갑자기 이상한 광경이 펼쳐졌습니다. 박기석 선생님의 숟가락은 바람처럼 빨라졌고 밥알이 허겁지겁 사라졌습니다. 숨 돌릴 틈도 없이 식사를 마친 그는 자리에서 벌떡 일어섰습니다. 그리고 들리는 혼잣말 한마디.

"가서 밥 먹으라고 교대해 줘야겠다."

말은 차갑고 퉁명스러워도, 마음만큼은 누구보다 따뜻한 사람. 박기석 선생님은 언제나 그렇습니다. 직설적이고 가끔은 상처가 되는 말도 툭툭 던지지만, 뒤에서는 남몰래 사람을 챙기고 도움을 주는 사람입니다.

우리는 때때로 겉모습만 보고 누군가를 판단합니다. 말투가 까칠하면 마음도 차갑겠거니, 무뚝뚝하면 정이 없을 거라 짐작하곤 하지요. 하지만 어떤 사람은 말보다 행동으로, 표정보다 뒷모습으로 진심을 보여 주는 법입니다.

잠시 후 허겁지겁 나갔던 여선생님이 들어와 식은 밥을 먹기 시작합니다. 외로운 식판이 드디어 주인을 다시 만났습니다. 식판이 활짝 웃는 듯합니다. 식은 밥이지만 그 선생님의 입에는 따뜻하게 느껴졌을 것 같습니다. 그리고 맞은편에서 이 모든 장면을 지켜본 구본희 선생님이 조용히 웃으며 한마디 하시더군요.

"나도 근무 깜빡하면 박기석 부장이 이렇게 대신 교대해 주려나?"

그 말에 저도 모르게 피식 웃음이 났습니다.

"교무부장님. 혹시 만약에, 나중에, 진짜로, 교감이 된다면 평교사가 근무 깜빡하거나 사정이 생기면 그때도 이렇게 대신해 주실 거죠?"

장 교주 두 손 모음

첫 수업 때 가르쳐 주셨던 '이치고 이치에'라는 말이 아직도 생생합니다. 입시와 공부로 지쳤던 고3 시절, 선생님의 일본어 시간은 걱정 없이 즐길 수 있었던 소중한 시간이었습니다. 그때의 인연이 지금까지 이어지고 있음에 깊이 감사하며, 아름다운 삶의 이야기가 담긴 책 출간을 진심으로 축하드립니다.

- 이수지(23회 졸업, 교육전문강사)

이제 당신의 미담을 만들어 보세요

\# 미담 릴레이 서른아홉 번째 이야기

당신만이 간직하고 있는 아름다운 이야기들의 소재를 하나하나 적어 보면 어떨까요? 서른아홉 번째 이야기부터는 바로 당신이 주인공입니다.

지금도 당신 마음속엔 여전히 기억에 남는 선생님이 계시겠지요? 수업이 재미있었던 선생님, 엄격했지만 애정이 느껴졌던 선생님, 그리고 삶의 방향을 제시해 주셨던 선생님. 오랜 시간이 흘러 선뜻 연락드리기 망설여지지만, 마음 한편에는 늘 인사드리고 싶은 간절함이 자리하고 있죠.
하지만 아세요? 선생님은 제자에게 연락이 오면 그 누구보다 기쁘고 행복하답니다. 여기에 그 선생님의 이름을 적어 보세요. 그리고 용기 내어 전화해 보세요.
"선생님께 배운 덕분에 지금의 제가 있습니다. 문득 선생님 생각이 나서 연락드렸어요."라고 말씀드리면, 선생님은 아마 눈시울을 붉히실지도 모릅니다.

에필로그

"부장님, 저는 20년 이상 교직 경력이 있어 나름 학생 지도에 노하우와 자신감이 있다고 생각해 왔어요. 근데 저희 반 아이들이 이런 사건을 저지를 때까지 모르고 있었다니, 제가 아마 능력이 없는 교사인가 봐요. 저 자신이 너무 한심스러워요."

제가 학생 부장을 할 때 학교폭력 관련 학생의 담임 선생님이 눈물을 글썽이며 하소연했던 말씀입니다. 가슴이 아팠습니다.

"아닙니다. 선생님은 충분히 최선을 다하셨습니다. 절대 선생님 잘못이 아닙니다. 그러니 자책하지 마세요."라고 위로해 드렸습니다.

미담 릴레이 스토리텔링을 이어가며 새삼 깨달은 점이 있습니다.

교권은 추락했고, 속을 썩이는 아이들도 물론 있습니다. 또 황당한 민원으로 선생님을 힘들게 하는 학부모님도 있습니다. 하지만 학교에는 여전히 가르침을 존중하며 마음을 다해 따르려는 학생과 학부모님들이 있는 것도 사실입니다. 겉으로는 잘 드러나지 않지만, 예의 바르고 성실하게 자신의 꿈을 향해 묵묵히 걸어가는 아이들이 훨씬 더 많다는 사실을 확인하는 계기가 되었습니다. 그리고 마침내, 그런 학생들이 제 눈에 더욱 또렷하게 들어오기 시작했습니다. 그동안 안 좋은 소식만 듣고 힘든 생각만 하다 보니, 선생님과 학생의 아름다운 이야기가 언제나 제 주변에서 꽃을 피우고 있었는데 알아채지 못했습니다. 당연하다고 생각하며 그 미담 꽃을 예쁘게 바라보지 못했습니다.

이제 그런 학생들에게 시선을 돌리고 싶습니다. 학생과 동료에 대한 나쁜 험담보다는 미담 이야기를 더 많이 하고 싶습니다. 몇 안 되는 말썽쟁이 학생 때문에 모든 에너지와 감정을 쏟기보다는, 그동안 소외되고 관심을 받지 못했던 대다수의 보석 같은 학생들에게 더 신경 쓰고 싶습니다. 그래야 선생님이 지치지 않습니다. 교사는 그런 학생으로 인해 새로운 에너지를 충전하고, 그 좋은 기운이 온전히 다시 학생들에게 전이되는 선순환이 이루어지기 때문입니다. 가끔 저 자신에게, 그리고 제가 만나는 동료들에게 여쭤보곤 합니다.

"선생님은 언제 교사로서 가장 행복하세요?"

그러면 대다수 선생님은 조금의 망설임 없이 이렇게 대답하시더군요.

"아이들이 제 수업을 스펀지처럼 쫙쫙 빨아들이고 있다고 느낄 때요."
"졸업생이 찾아와 성장한 모습을 보여 줄 때요. 그리고 선생님 덕분이라고 말해 줄 때요."
"학생에게 고맙다는, 존경한다는 감사의 인사나 편지를 받을 때요."
"학생이 스스럼없이 저에게 마음을 열고 다가와 줄 때요."

참 소박한 행복들입니다.
우리는 평소 10개 중 9개의 좋은 일이 있고, 1개만 나쁜 일이 있어도 그 1개로 인해 9개의 의미를 잃어버린 것 같은 느낌을 받곤 합니다. 교실에서도, 직장에서도, 가정에서도 마찬가지죠. 하지만 30년 이상 교사로 생활하면서 저는 분명 희망을 보았습니다. 학생, 학부모, 동료 선생님들에게 때로는 상처받고 화가 난 적도 있지만 그보다 더 많은 존경, 격려, 위로 또한 그들에게서 받았습니다. 그래서 학생에게 상처받은 '나쁜 기억'은 학생 때문에 행복했던 '좋은 추억'으로 덮으려 합니다. 속 썩이던 몇몇 아이들 때문에 지쳐 있었던 나를 아무 말 없이 따뜻한 시선으로 다가와 준 다른 아이들이 살려 주었고, 힘든 하루를 견디게 만든 건 동료의 짧은 위로의 말이었습니다.

혹시 지금, 당신도 소중한 것들을 너무 당연하게 여겨서 놓치고 있는 건 없으신가요? 이 책을 읽고 계신 당신이 교사든 아니든, 분명 삶의 어느 시점에서 이와 비슷한 순간들을 경험했고 또 겪고 있겠지요. 우리 모두는 '인생'이라는 학교에서 끊임없이 배우고, 때로는 시험에 들고, 다시 앞으로 나아가는 학생이니까요. 이 책을 통해 마음속 어딘가에 잠들어 있던 작은 추억 하나가 생각나서 당신을 미소 짓게 만들 수 있다면 그걸로 이 책은 충분한 이유가 생깁니다.

교실 속에서 늘 마주했던 얼굴들, 창가로 스며들던 5월의 햇살, 아이들과 웃으며 보냈던 평범한 하루, 돌아보면 그 순간들이야말로 가장 빛나는 선물이었습니다. 저에게 아름다운 추억과 행복을 전해 준 분들께 진심으로 고마운 마음을 전합니다.

이 책을 덮는 순간, 그 여운이 당신의 삶에서 또 다른 '좋은 소식'으로 이어지기를 간절히 바랍니다.

"만약 내가 사흘만 볼 수 있다면,

첫째 날은 사랑하는 사람들의 얼굴을,

둘째 날은 자연의 아름다움을,

셋째 날은 평범한 일상을 눈에 담고 싶다."

– 헬렌 켈러, 『사흘만 볼 수 있다면』 중에서